# 教養としての
# 宗教学
## ——通過儀礼を中心に——

Shimada Hiromi
島田裕巳

日本評論社

# はじめに

宗教について研究する学問分野が「宗教学」である。

これは、法律を研究する学問が法学で、経済を研究する学問が経済学であると言うときと同じである。自然科学で考えれば、物理現象を研究する学問が物理学で、生物について研究する学問が生物学である。

それぞれの学問分野は、どれも細分化されている。宗教学の場合も同じで、宗教哲学、宗教社会学、宗教心理学、宗教人類学、宗教現象学などがある。

さらに宗教学の場合には、対象とする宗教によって、キリスト教学、イスラム学、仏教学、神道学などに分けられたりもする。

難しいのは、宗教学と神学や宗学との関係である。神学は、キリスト教やイスラム教において、その信仰が正しいことを前提として研究する学問のことをさし、それぞれの宗教が他の宗教に比較して優れたものであるという認識から出発している。宗学の方も、仏教において宗派の信仰を前提とした学問になっている。

宗教学が、こうした神学や宗学と異なるのは、対象とする宗教を信仰の立場からではなく、客観的、中立的に観察し、分析していこうとするところにある。神学や宗学は主観的であり、必ずしも中立的ではないわけである。

このようにとらえると、宗教学と神学・宗学とは根本的に異なるもので、その区別は容易なものと思われるかもしれない。

ところが、ここが一番難しいことにもなってくるのだが、宗教学の立場から研究を進めようとしても、そこには宗教学者個人の信仰がどうしてもかかわってくる。

とくに宗教という現象を研究しようとする人間には、特定の信仰を持つ者が多い。あるいは、実践家として、あるいは聖職者として個別の宗教にかかわっている人間もかなりの数にのぼる。果たして特定の宗教を信仰している人間が、客観的、中立的な立場にたつことができるのか。それはかなりの難問である。

特定の信仰を持たない宗教学者であっても、宗教をどのようにとらえるかという「宗教観」を持っている。宗教観は、それぞれの人間によって異なっており、それは研究にも反映される。

宗教観は個人的なものであることも多いが、共通したイデオロギーを信奉している人間たちのあいだでは、特定の宗教観が共有されている。共産主義のイデオロギーの場合がその典型になるが、共産主義は唯物論を基本としており、宗教を観念論として批判的に見ていく傾向が強い。

実際、戦後日本で、新宗教が台頭した時代があったが、その時代に新宗教についての研究を行った学者には日本共産党の党員やそのシンパが少なくなかった。そうなると、研究にはどうしても片寄りが生じてしまう。逆に、共産主義のイデオロギーは宗教に近いとも言える。

ほかの学問分野でも、こうした問題はいくらでも起こる。法学でも経済学でも、学者が特定の法律観や経済観を持っていて、それにもとづいて現象を見ていくために客観性を失うということはある。だが、宗教学ではとくにその傾向が強いのではないだろうか。

これは、学者についてだけ言えることではない。一般の人々であっても、特定の信仰や宗教観を持っていて、そこから宗教という現象を見ようとする。キリスト教の信仰を持っていれば、キリスト教が宗教としてもっとも優れていて、他の宗教は劣っているように見えたりする。その宗教を選ぶということは、そこに価値を見いだしているわけで、自らが信奉している宗教をもっとも優れたものとしてとらえてしまいやすい。

新宗教が台頭し、勢力を拡大していた時代には、強引な布教の対象となったり、家族や親族、知り合いが入信して、それによってトラブルが生じたという人たちの場合には、宗教は迷惑なものだと考えがちだ。

特定の信仰を持たない「無宗教」の人は多いが、個人として独自の宗教観を持たない人はいない。宗教に対する見方は、その人個人の生まれや育ち、あるいは、人生において経験してきた出来事によって決まってくる。その宗教観に片寄りはないのか。偏った見方が、宗教の実像を理解することを妨げたり、別の信仰や宗教観を持つ人間とのあいだのトラブルを生む原因にもなってくる。

信仰や宗教観は、それぞれの人間の思想や人生観の根本に位置しているため、それを離れて宗教や信仰について見ていくことは根本的に難しい。だからこそ、宗教学的なものの見方が必要とされるわけだが、いかに客観性、中立性を確保するかは相当な難題である。

そのために必要なこととして一つあげられるのは、宗教についての知識をどれだけ持っているかということである。宗教現象は多様だが、多くの人はそれに接することがないし、知識も相当に限られている。学校で宗教を学ぶ機会が乏しいこともそこに影響している。歴史や倫理の授業で学ぶことはあるが、断片的で深く掘り下げて学ぶことはない。

大学に入ると、宗教学科が設けられていたり、宗教学の授業が用意されていたりする。宗教団体が母体になった学校では、義務教育の段階から宗教についての授業があるが、それは、特定の信仰の立場からなされるもので、宗教全般に対する理解を可能にしてくれるものではない。大学に入ってはじめて宗教について学ぶ人も少なくないが、その数も限られている。

宗教は、人類のはじまりから存在すると言われ、その歴史は古い。ただし、現代の社会において、とくに先進国においては宗教離れが進み、その力は衰えている。その一方で、経済発展が続いている国やイスラム教の広まった地域では、以前よりも宗教の活動は活発化している。宗教にもとづくテロのような事件も起こっている。

現代の社会においても、宗教は生きた現象として、社会に大きな影響を与え、個人の暮らしにも深くかかわっている。

けれども、宗教についてどのように学んでいけばいいのか、それが難しい。直接ふれるのは怖いと感じる人も少なくないだろう。どうやって宗教にアプローチすればいいのか、ほとんどの人は迷うはずだ。

この『教養としての宗教学』では、「通過儀礼」を中心に据えて、宗教という現象について考えていきたい。通過儀礼が何かは、本文のなかで詳しくふれることになるが、それは宗教の基本にあり、また、そこにかかわる人間を変容させていく力を有している。

宗教に接するという行為自体が通過儀礼としての意味合いを持っている。宗教に接するということは、たんに知識を増やすことにとどまらず、接する人間の宗教に対する見方を変えていく。そうした面を有しているのである。

第1章

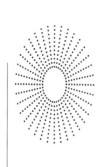

# 宗教は私たちにどういう意味を持つのか

## 宗教学とのかかわり

私は大学で宗教学を学んだ。学部が2年で、その後、1年のブランクをおいて大学院に進学し、修士課程は2年で終えたものの、博士課程には5年在籍した。博士課程の最低の修業年限は3年だから、それを2年も超過したことになる。

その後、大学で宗教学について教えることが多く、今でもそれを続けている。その点で、宗教学とのかかわりは、すでに45年になろうとしている。私は人生の大半を宗教学の研究者、宗教学者として過ごしてきたことになる。

宗教学関係の著作も数多く刊行してきたが、取り上げるテーマは尽きることがない。それだけ宗教の世界は多様で、奥が深いということである。

世界に存在する国や民族において、宗教が存在しないところはない。近代になって科学が発達し、かつては宗教に期待していた事柄、たとえば医療などは、科学の方がその必要を満たすようにはなってきたものの、不治の病にかかり、医者も匙を投げたといった場合には、宗教の出番はまだある。

いったい宗教とは何なのか。

宗教のカバーする領域があまりに広いため、その答えを見いだすことは容易ではない。人によって、あるいは社会によって、宗教の意味するところは異なってくる。

## 宗教学を学ぶきっかけ

宗教の持つ意味を明らかにすることは簡単にはいかない。そこで、ここでは、私が宗教学を学ぶようになったきっかけから話をはじめることにしたい。そこに、宗教の持つ意味が関係してくるからだ。

話は私の子ども時代に遡る。

私が一歳のときから高校一年まで育ったのは東京都杉並区和田という場所だった。杉並区は東京23区の西端にあるが、和田は杉並区の東端にあって中野区と接している。私はそこにある和田小学校に通っていた。

和田小学校の近くに、新宗教の代表的な教団の一つである立正佼成会の本部があった。私が小学校に通っている間、その本部では、巨大な建物の建築工事が進められていた。それが、「大聖堂」と呼ばれる建物で、インド式の塔が立ち並び、壁はピンク色だった。そんな建物は見たことがなかった。それに、まだ高層ビルなどない時代である。最初の超高層ビルである霞が関ビルも建っていなかった。立正佼成会の大聖堂は東京オリンピックが開かれた1964年に完成する。そのとき私は小学校の5年生になっていた。

大聖堂が完成すると、立正佼成会の信者たちが大挙してそこに押し寄せてきた。貸し切りのバスで来る場合が多く、バスの行き先案内板やフロントガラスには、「団参」という掲示がなされていた。団参とは団体参拝の略語だった。そして、バスに乗ってやってきた信者たちを泊めるために、団参会館という宿泊施設も次々と建てられていった。

団参のためのバスを駐車させるために駐車場も拡張されていった。駐車場の土地として教団に買い上げられたのは、それまで私たち小学生が野球をしていた空き地だった。立正佼成会が拡大していくということは、私たちにとっては遊び場が奪われることを意味した。駐車場で野球をして、教団の職員に追い出されたこともあった。

そんなこともあって、大聖堂の突然の出現は、私に強烈な印象を与えた。いったいこれは何なのか。当時の信者の人たちは相当にエネルギッシュで、私は宗教の持つ底知れないエネルギーを直接肌で感じることになった。

小学校のクラスのなかには、立正佼成会の信者の家の子どもがいた。あるいは、立正佼成会とはライバル関係にあった創価学会の信者の家の子どももいた。小学生の私には詳しいことは分からなかったものの、そこには対立関係もあったようだ。

そうしたことが直接、私が宗教学を志すきっかけになったわけではないと思うが、その体験が忘れ難いものだったことも確かである。こうしたことを子ども時代に体験しているかどうかはやはり大きい。

さらに、東京大学の宗教学科に進学した直後には、学科の旅行があり、その際に奈良県天理市を訪れた。主たる目的は天理大学の宗教学科と野球の試合をすることだったが、天理教の教会本部や、天理市の街の光景は、立正佼成会の大聖堂を見たとき以上に衝撃的なものだった。

街のなかには、信者が宿泊するための「詰所《つめしょ》」という建物が至る所に建っていた。みな、五、六階だての建物で、破風《はふ》がついた独特の形をしていた。

本部で開かれる夕方の礼拝である「おつとめ」も見学させてもらったが、ゴールデンウィークということもあり、おびただしい信者たちが集まり、いっせいに「おてふり」という所作を行っている光景は圧巻だった。

立正佼成会の方は、戦後に拡大していったが、天理教は明治時代に生まれ、大正時代から昭和の前半にかけて大教団へと発展した。とくに関西地方では多くの信者を獲得し、各地域に天理教の教会が建てられていった。

こうした体験を経ていただけに、新宗教がなぜ膨大な数の信者を集めるかということには自ずと関心を持つようになっていた。その後の私は、すぐに新宗教を主たる研究のテーマにしたわけではないが、関心は持ち続けていた。

## 一本の論文

そんななかで、私は一本の論文に出会った。それは、東北社会学研究会が刊行している『社会学研究』という雑誌に掲載された、社会学者の鈴木広による「都市下層の宗教集団―福岡市における創価学会」という論文だった（その後この論文は、『都市的世界』（誠信書房）という鈴木の著作に収録された）。

これは福岡市の創価学会の会員にインタビュー調査を行ったものである。そこで明らかになったのは、創価学会の会員は学歴が低く、多くは義務教育を終えた程度で、しかも、現在住んでいるところで生まれた人間は一人もおらず、福岡市以外のところで生まれた人間が八割を占めているということだった。

これはもちろん偶然のことではない。創価学会の会員になった人間たちは、高度経済成長の波に乗って、その時代に大都市である福岡市に出てきたのだった。学歴が低ければ、大企業に勤めることはできないし、公務員になるのも難しい。そのため、彼らは中小企業や零細企業に勤めるしかなく、その立場は不安定だった。論文のなかでは、会員たちが生活保護世帯に転落する危険性を秘めているとも指摘されていた。

立正佼成会や創価学会といった新宗教の教団が莫大な数の信者を集め、巨大教団への道を歩んでいったのは、１９５０年代の半ばからはじまる高度経済成長の時代においてだった。新宗教は、大都市に出てきたばかりで、不安定な境遇にあった人間たちに救いの手を差し伸べた。それで信者を増やしたのである。

戦前に天理教が拡大していったのも、理由は同じだろう。奈良に生まれた天理教が最初広まっていったのは大阪の街においてだった。仕事を求めて周辺の地域から大阪へ出てきた人間たちが天理教に救いを求め、信仰によって生まれるネットワークによって支えられる道を選択したのである。

「なるほどそういうことなのか」

私はこの論文を読んで納得した。漠然とそんなことをイメージしていたが、それがデータによって裏づけられたことには大きな意味があった。

## 宗教における需要と供給

ある宗教が拡大し、信者を増やしていったとき、その宗教を信じている人間は、「教えが素晴らしい」というところに、その原因を求めようとする。その宗教をはじめた開祖が説いた教えが優れたもので、人々を救う力を持っているから、それは広く受け入れられ、信者が増えていったのだというわけである。

もちろん、教えという要素は重要である。どういう教えが説かれるかで、それに魅かれる人間と魅かれない人間が分けられる。信者は、開祖の教えによって人生に起こるさまざまな問題が解決されると、それがいかに優れているかを周囲の人々に説き、入信するよう迫っていく。

キリスト教では、イエス・キリストの教えを「福音」、良い知らせとしてとらえ、福音を伝えることがイエスの弟子や信者のつとめであるとされる。

仏教の場合にも、悟りを開いた釈迦は、その後インド各地をまわり、自らの悟りにもとづく教えを説いていった。

しかし、教えに魅力を感じる側に、何らかの事情がなければ、入信するようにはならない。経済の世界では、需要と供給のバランスがもっとも重要であるとされるが、それは宗教の世界にも当てはまる。需要がないところでいくら教えを説いても、それが受け入れられることはないのだ。

需要を生み出していくのは、個人のおかれた境遇ということにもなるが、多くの人間が入信していくにあたっては、社会的な事情ということがそこに深くかかわっている。社会が大きく変化したときに、宗教に対する需要が生まれ、それを新しい宗教が満たしていくのである。

私は1953年の生まれなので、日本はすぐに高度経済成長の時代に突入した。とくに、東京オリンピックをめざして東京の開発は進み、新幹線をはじめとする鉄道網や、高速道路などの道路網が整備され、街の様子は大きく変貌していった。

身近なところでは、立正佼成会の本部のある土地の脇に環状7号線が開通した。それまで、そこは細い道が通っているだけだった。地下鉄も伸びてきて、その地下鉄で行けるようになった新宿の街はターミナルとして開発が進み、それは私たちの暮らしにも影響を与えた。

大都市としての東京の街が発展していくということは、そこに多くの人たちが集まってくることを意味する。和田の周辺には会社の社宅などが多く、同級生は転入と転出をくり返していた。一方では、ずっとその地域で生活している人たちもいたが、仕事も社会的な階層も、社宅に入っている人間とは大きく異なっていた。

ずっとその地域に暮らしていたのなら、近くに知り合いがいて、そのつながりも強い。だが、外から転入してきた場合には、それがない。社宅に住んでいるなら、会社の付き合いがあるが、そうでなければ、地域のなかでなかなか知り合いを見いだすことができず、ときには孤立し、孤独な境遇に陥らざるを得ない。新宗教はまさに、そうした人々を救い、彼らを信仰でつながる人間関係のネットワークのなかに組み入れていった。新宗教は、大都市における新しい「村」だったのだ。

## 信仰を持つ人間の割合

もし、そうした人たちが新宗教と出会うことがなかったとしたら、いったいどうしただろうか。学歴が高ければ、新宗教に頼らなくても、仲間を作ることはできる。大学の同級生や先輩後輩、あるいは会社の同僚が仲間になるからだ。

その点で、彼らには宗教は必要ないということになる。

しかし、そうした人間にとって、宗教がまったく意味をなさないかと言えば、そうではない。

これは、どの国でも共通して言えることだが、信仰している人間の割合は年齢とともに高くなっていく。若い時代は、信仰など自分にはないと言っていても、年齢を重ねると、信仰を持つように変わっていくことが珍しくないのだ。

『放送研究と調査』（NHK放送文化研究所、2009年5月号）によれば、日本人では男女で信仰率が変化していくパターンに違いがあるとされる。女性の場合、若い世代では信仰を持っていない人間が圧倒的多数を占めるが、年齢が上がるにつれて、信仰を持つ人間の割合が徐々に増えていき、60歳台になると、半数を超える。

男性だと、女性と異なり、40歳台になっても、信仰があると答える人間の割合は20パーセント前

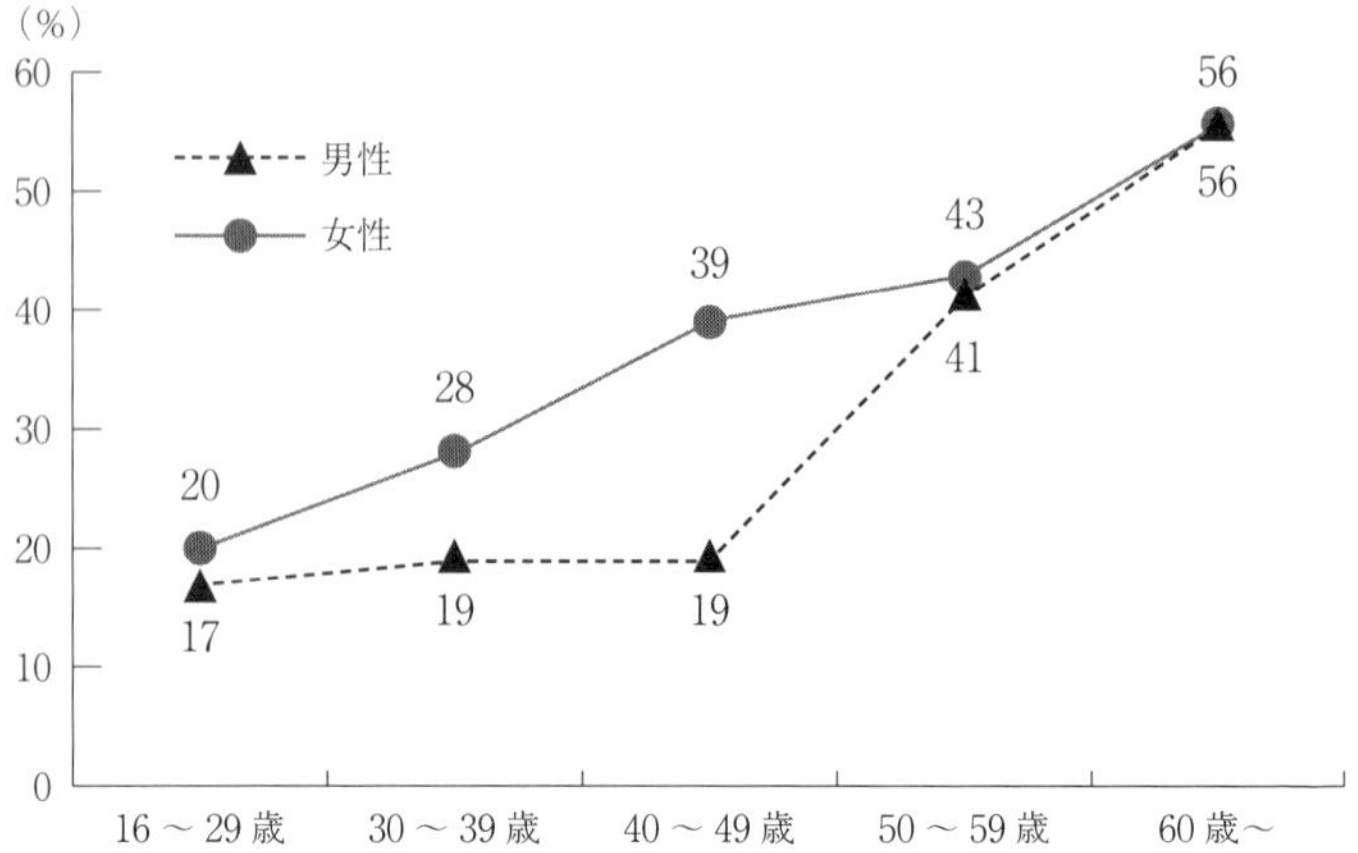


「宗教を信仰している」人の性別年齢別割合
(『放送研究と調査』2009年5月号、67頁)

後で、20歳台と変わらない。それが50歳台に突入すると、急に上昇し、60歳台になると、女性と変わらず、やはり半数を超えるのだ(詳しくは、拙著『日本人の信仰』扶桑社新書)。

いったいなぜ、こういう現象が起こるのだろうか。

一つは、50歳台になると、定年が近づいていることを意識することがあげられる。今では多くの人たちが企業に雇われている。雇われるということは、仕事を辞めなければならない定年があるということで、定年は60歳、ないしは65歳にやってくる。

50歳になるまでは、第一線でばりばり仕事をしてきた人でも、定年を意識するような年齢になると、先のことを考える。それは、たんにそれ以降の仕事をどうするかにとどまらず、人生のあり方にも及んでいく。今は、定年以降の人生が相当に長くなっている。第二の人生をどうするのか。それを考えたとき、人生観やそれと関連した死生観に思い至る。死生観の基盤には宗教があり、そこから宗教に関心が向くようになるのである。

## 貧病争

あるいはもっと具体的なことがきっかけになっているかもしれない。それが親の葬式を出すという出来事だ。喪主になれば葬式では中心になって動かなければならない。喪主にならなくても、親の死は、やがてめぐってくる自らの死をどうしても考えさせる。

葬式をあげる場合、多くの人たちは仏教式でそれを行う。仏教式と言っても、日本の場合、仏教は宗派に分かれており、「宗派仏教」の傾向が強い。仏教式の葬式をあげるということは、特定の宗派の形式に則って行うということであり、そのためには自分の家の宗旨、つまりはどこの宗派に属しているのかをはっきりさせなければならない。

都市に出てきた人たちは、日頃寺との付き合いもなく、自分の家の宗旨を知らない。そういうときは、実家などに連絡して、宗旨を確かめる。自分が属している宗派をはじめて知るのは、そんなときである。

宗派が分かれば、葬式のときには、葬儀業者に紹介してもらったり、僧侶を派遣してくれるサービスを使って、その宗派に属している僧侶を呼んでもらう。どの宗派にも属していないという僧侶はいない。逆に、宗派が分からなければ、僧侶を呼ぶわけにもいかないのだ。

所属する宗派のことが分かると、その宗派のことが少し気になってくる。何かのおり、例えば旅行に行こうというときに、宗派の本山に参拝してみようと考えたりする。宗派にこだわらず、仏教全般に対する興味もわいてきて、有名な寺を訪れたり、国宝に指定されている仏像を見てみたいと考える。そうしたことが信仰の自覚に結びついていく。それは、これからの人生がどのようなものか分からないという不安を、少しは癒してくれることになる。

以前なら、信仰を持つきっかけは、「貧病争」にあった。貧しさや病気、そして家庭内の争い事から逃れるために信仰を求めるというわけである。たしかに、創価学会などの新宗教が急速に拡大した時代には、その面は重要だった。

貧病争のなかでも、もっとも重要な要素は貧しさだ。貧しいから病にかかっても、十分な医療を受けられない。貧しいからこそ、家庭のなかでの争い事が絶えないからだ。当時創価学会を率いていた戸田城聖という会長は、「信仰さえすれば豊かになれる」と説いた。この単純なメッセージが多くの人のこころを捉えたのだ。

現在では、状況はかなり変わってきた。医療が進歩するとともに、保険制度が整備され、誰もが医療の恩恵を受けられるようになった。宗教に頼るよりも、まずは医者にかかる。その方が、はるかに病気は治るのだ。

しかし、貧しさから簡単には抜け出せない。現在では、新たな経済格差が拡大し、これまでとは性格の違う貧困に苦しむ人もいる。家庭内の争い事、その典型だった嫁姑の対立は、同居が少なくなったこともあって減っただろうが、職場や学校などの人間関係の悩みは決してなくなってはいない。かえってそれは増え、深刻なものになっている。その方面では、宗教の出番はまだある。

ただ、宗教の意味ということは、こうした個人的な次元のことには留まらない。そこには、個人が属している共同体なり、社会なりが深くかかわってくる。

## 特定の宗教への信仰

キリスト教やイスラム教の信仰が広がっている国や地域で考えてみた場合、信仰は国や地域で共有されている。国民の大多数が同じ宗教を信仰しているというところも珍しくない。そういう国や民族では、個人が特定の信仰を選ぶ前に、どの宗教を信仰するかは決まっている。

たとえば、イランという国があるが、国民の99パーセントはイスラム教の信者になっている。しかも、イスラム教にはスンニ派とシーア派があり、全体としてはスンニ派が多いのだが、イランでは国民の90パーセントがシーア派である。それにスンニ派のイスラム教徒が9パーセントほどいる。それ以外の1パーセントを占めるのは、キリスト教やユダヤ教、イラン特有のゾロアスター教や19世紀に誕生した新しい宗教であるバハーイー教の信者であり、無宗教の人間はほとんどいない。

シーア派かスンニ派かの選択は、その人間がどういった家庭に生まれたかで自動的に決まる。イスラム教ではイスラム法がもっとも重要で、それが広まった地域では、誰もがその法に従って生活しなければ、法は意味をなさなくなる。イスラム法のなかには、一般の法律では刑法にあたるような部分もあるからである。

この点で、特定の宗教への信仰は、その地域をまとめあげる上で重要な役割を果たしているのである。

日本でも、村のような地域共同体には、必ず神社と寺院がある。神社は村の人々の氏神、寺院は菩提寺として地域の結びつきを強める役割を果たしてきた。村の誰もが神社に詣で、寺院の行事に参加するからこそ、地域の結束がはかられたのである。

村においては、祭が大きな意味を持つ。祭は村人総出で行われるもので、それを通して村全体の結束がはかられる。同じ地域に生活するということは、利害を共通にするということでもあるが、お互いに衝突する部分も少なくない。日頃の対立を解消するためにも、祭は必要である。それは、村の人々の大きな楽しみでもある。

## 宗教学の重要性

宗教の持つ意味はさまざまで、一つに定めることはできない。今まで述べてきたことのほかにも、ローマ帝国でキリスト教が国教になったように、宗教が国全体の統合をはかる役割を果たすこともある。現在のEUなども、統合を可能にする背景としてキリスト教の信仰が共有されてきたということを無視するわけにはいかない。

宗教の持つ意味は実に多様である。それだけ多様だということは、人間にとって宗教が不可欠のものであることを意味する。

人間を知るには、人間が信仰する宗教について学ばなければならない。宗教学の重要性は、そこにあるわけである。

# 第2章

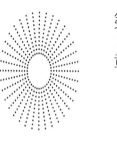

# 宗教とは何か

## ——その定義と現象——

った。

## 宗教の定義

第1章では、宗教という現象が多様で、それが持つ意味も同じように多様だということを見ていった。

では、宗教とは何なのか。

この章では、宗教の定義について考えてみたい。

宗教の定義について考える際に、最初に参考にしたい書物がある。それが、岸本英夫の『宗教学』(大明堂、のち原書房)である。この『宗教学』という書物は、長く宗教学の教科書の代表と見なされてきた。

岸本は、1964年に亡くなっているが、戦前から戦後にかけて活躍した宗教学者で、日本が連合国によって占領されていた時代には、GHQの宗教政策にかんする顧問の役割も果たした。

また、アメリカ留学中にガンを患い、その闘病記録は死後に、『死を見つめる心』(講談社、のち文庫化)として刊行されている。まだガンの闘病記が珍しい時代であったため、これは広く読まれたが、著者が宗教学者として死生観の問題を深く考えたことも重要だった。この本は、50年の歳月を経て、現在でも読み継がれている。

岸本は、宗教の定義の問題を宗教学のあり方と関連づけて、「宗教学が、他の科学から区別される根拠は、その対象にある」と述べている。宗教学には、他の学問と異なる特別な研究方法があるわけではない。他の学問と異なるのは宗教という対象を扱うからで、その点で、宗教をいかに定義するのかが重要だというわけである。

岸本は、宗教について独自の定義も明らかにしているが、その前に、従来の宗教の定義について、それを三つの類型に分けている。

第一の類型に属するのが、神の観念を中心とする定義で、代表的なものとして、ティーレの「宗教とは、神と人との関係である」があげられている。

ところが、宗教のなかには、仏教のように神をたてないものもある。仏教では悟りが重要で、必ずしも神を必要としない。少なくとも、神が中心になっているわけではない。

ほかにも、原始宗教では、自然が直接に神秘的な力を有しているとする「プレアニミズム」と呼ばれる信仰の形態があり、これも、神をたてない宗教である。

第二の類型となるのが、人間の情緒的な経験に宗教の特徴を見出そうとするもので、神々しさ、清浄感、神聖感、畏怖の情を中心に宗教を定義しようとするものである。

ただこれも、高度に洗練された宗教体験にはあらわれてくるが、民衆の通俗的な行動には現れてこないので、すべての宗教現象にあてはまるものではない。

## 岸本による定義

岸本が評価するのは、宗教の定義の第三の類型で、それは、「人間の生活活動を中心として、宗教を捉えようとする立場」である。人間の生活における活動のなかで、宗教がどういった役割を果たしているのかに視点を定め、そこから宗教を規定しようとする試みだというのである。

こうしたことを踏まえた上で、岸本がまとめあげたのが、次のような独自の宗教の定義である。


宗教とは、人間生活の究極的な意味を明らかにし、人間の問題の究極的な解決にかかわりをもつと、人々によって信じられているいとなみを中心とした文化現象である。


岸本の定義に特徴的なのは、まず、この後に但し書きをつけるとしている点である。その但し書きとは、「宗教には、そのいとなみとの関連において、神観念や神聖性を伴う場合が多い」というものである。

神観念は、岸本があげた第一の類型と関係するもので、神聖性は第二の類型とかかわっている。その点で、岸本の定義は折衷案のようにも思えるが、それだけ、宗教の定義が簡単にはいかないということだろう。宗教学の世界では、宗教の定義は宗教学者の数ほどあるとも言われている。

岸本の宗教の定義の特徴は、なんといっても、「究極的」ということばが、短い定義のなかで二度も使われているところにある。宗教は究極的な意味を示し、究極的な解決を与えてくれるものだというのである。

岸本は究極的なものであるということに宗教の本質を見出そうとしていることになるが、『宗教学』の本を刊行したときに、すでに岸本はガンを経験していた。

『死を見つめる心』は、岸本が亡くなった後にまとめられたもので、それを読むと、アメリカで、当時の日本ではほとんど見られなかったガン告知を受けても、岸本本人は動じることなく、毅然とした態度を貫いたように読める。

ところが、これは『死を見つめる心』には収録されていないのだが、岸本は「碁餓鬼」という文章を書いていて、そのなかでガン告知を受けた後の正直な気持ちについてふれている。表面上は平静をよそおっていたが、大好きな碁を並べてみると、「いつものように食い入るようなおもしろさが少しも湧き上がって」こなかったというのである。

岸本は、ガンに罹った後、宗教に頼らない独自の死生観の確立をめざした。死の恐怖を乗り越えることのできる死生観は、やはり究極的な解決を与えてくれるものでなければならなかったに違いない。その思いが定義にも反映されているのだとしたら、その点を見逃すことはできない。

しかし、一般の人々の生活活動を中心に据えるということであれば、果たして宗教の定義に究極的という側面を加えなければならないのかどうか、それは大いに問題だろう。

## デュルケムと柳川による定義

一般の庶民が宗教に期待するのは、まず第一にご利益を得るということである。ご利益は、問題の解決に結びつくものではあっても、究極的な意味を持つものではない。岸本は、一部の高度な宗教体験にしかあてはまらない定義は不十分だと考えたわけだが、宗教の価値を強調しようとすれば、どうしても、宗教的なエリートだけが経験するようなあり方を中心に宗教を定義せざるを得なくなってくる。

その点を考えてのことなのだろう。私が学んだ宗教学者の柳川啓一は、岸本の弟子であったにもかかわらず、宗教の定義を問題にしたとき、岸本の定義は使わなかった。柳川が使ったのは、フランスの社会学者で宗教社会学者のエミール・デュルケムの定義だった。

柳川が社会学者の定義を用いたのは、自らも宗教社会学を専門としていたからである。主に研究したのは祭や儀礼だった。

柳川は、『宗教学とは何か』（法藏館）という本のなかで、デュルケムによる定義を紹介している。デュルケムは、宗教を、「聖なるもの、換言すれば、禁忌され、隔離された事物に対する信念と慣行の体系である」と定義した。この定義は、デュルケムが宗教の起源について考察した『宗教生活の原初形態』（古野清人訳、岩波文庫）にあるものである。

ただ、柳川が引用しているものは、原文とはかなり異なっている。原文では、「神聖すなわち分離され禁止された事物と関連する信念と行事との連帯的な体系、教会と呼ばれる同じ道徳的共同社会に、これに帰依するすべての者を結合させる信念と行事である」となっていた。原文がまわりくどく、分かりにくいので、柳川はそのエッセンスだけを示そうとしたのだ。

しかし、柳川のまとめ方では、デュルケムの定義のなかの重要な要素が失われることにもなってしまう。デュルケムは、教会に言及し、それが道徳的共同社会であるとしているのである。

この箇所を、柳川が無視したのは、おそらく意図的なものだろう。というのも、教会という側面は、柳川が主に研究の対象とした日本の宗教にはあてはまらないからである。

柳川はもっぱら、聖と俗の二分ということを問題にする。時間的には、労働の時間と休息の時間の二分が強調され、休息の時間としてあげられているのが、安息日や正月などである。そして、空間的にも、世界は俗なる領域と聖域や聖地に二分されるとし、この世界とは隔絶された他界や来世にも言及している。

デュルケムが教会という側面を宗教の定義のなかに取り入れたのは、キリスト教において教会が人々を救済する場として極めて重要な役割を果たしているからである。聖なるものを信仰する人々は、教会という道徳的共同体に密接に結びついているというのである。

日本でも、仏教の寺院の場合だと、後に述べるように、教会に近いものとして考えられる。だが、神道の神社であれば、それは難しい。神社は、たいがいの場合、教団のような組織にはなっておらず、とても道徳的共同体と言えるような強固な結びつきを持つ組織ではないからである。

デュルケムの定義は、一般の辞書でも採用されている。『広辞苑』(第5版)では、宗教について、「神または何らかの超越的絶対者、あるいは卑俗なものから分離され禁忌された神聖なものに関する信仰・行事。また、それらの連関的体系。帰依者は精神的共同社会(教団)を営む。」としている。これが、デュルケムの定義を下敷きにしていることは明らかである。

デュルケムの定義が日本でも用いられているのは、キリスト教と仏教が意外なほど似ているからだ。

キリスト教では、神聖な世界と俗世とが明確に区別されている。神に仕える聖職者は、カトリックや東方教会の場合ということになるが、俗世を捨て、すべてを神に捧げる。そのため、独身を守り、結婚することはない。そして、教会は神聖な空間として捉えられ、救済は教会を通してのみ与えられると考えられている。

仏教の場合も、その聖職者である僧侶は、本来、独身を守らなければならないとされている。日本では、明治以降に、法律で許されたこともあり、僧侶の妻帯が進むが、他の仏教国では、僧侶には独身であることが求められる。僧侶になることは「出家」であり、それは俗世を捨てることを意味している。寺院には本尊が祀られ、そこで行われる儀礼は、信者に救いをもたらすものと考えられている。

## イスラム教を含む宗教の定義は可能か

デュルケムの定義は、キリスト教に適用できるだけではなく、仏教にも適用できる。だからこそ、日本の辞書でも採用されているのだろうが、すでに述べたように神道にはあてはまらない。そして、キリスト教についで世界で二番目に多くの信者を抱えているイスラム教についても、実はあてはまらないのである。

イスラム教では、神の絶対性が強調され、神と人間とは根本的に異なる存在として捉えられている。その関係を聖と俗の二分として考えることもできるが、イスラム教の指導者は俗人である。イスラム教には、俗世を捨てた聖職者はまったく存在しない。

イスラム教の礼拝施設がモスクになるが、モスクのなかにあるのは、メッカの方角を示した窪みだけで、その窪みも神聖なものとしては捉えられていない。その点で、モスクには聖なるものが存在しない。

メッカにしても、通常は、イスラム教の聖地として紹介されるが、そこにあるカアバ神殿の内部には、神体にあたるようなものはない。カアバは、アラビア語で立方体を意味しているが、まさにそれは立方体で、そのなかに聖なるものがあるわけではないのである。

このように見ていくと、デュルケムの定義はイスラム教にはあてはまらない。その点では、宗教の定義として不十分だということになる。

それでも、これまでデュルケムの定義が、辞書に採用されるほど、日本で広く用いられてきたのも、宗教について考える際に、国内で信者の数が限られているイスラム教については考慮する必要がないと考えられてきたからだろう。

宗教学はヨーロッパに生まれた学問で、ヨーロッパはキリスト教の社会である。十字軍の事例に見られるように、中世のキリスト教ヨーロッパは、イスラム教の世界と対立関係にあった。

日本の場合にも、ヨーロッパから宗教学を取り入れたため、キリスト教の宗教観をそのまま受け取ってしまったところがある。そのために、デュルケムの定義につきまとっている限界、あるいは問題点には十分関心が払われてこなかったのである。

では、イスラム教も含み込むような宗教の定義は可能なのだろうか。これは、これまであまり議論になってこなかった問題である。それだけ、イスラム教が視野に入ってこなかったということだが、同じ一神教でも、イスラム教はキリスト教とはかなり性格が異なっている。まして、仏教ともなれば、イスラム教との共通点は少ない。イスラム教と仏教をともに含み込むような定義ができるのかどうか。それはかなりの難問である。宗教の定義は意外と難しい問題をはらんでいるわけである。

ただ、宗教ということばを聞いたとき、多くの人たちはそれがどういうものかすでに知っている。定義を聞いたことがなくても、それについて考えたことがなくても、宗教が何かについて分かっているのである。

もちろん、そういう人たちに、「では、あなたの考える宗教はどういうものか、説明してください」と言っても、的確な答えは返ってこないだろう。宗教学の専門の研究者も苦労しているわけだから、それも当然のことである。

宗教とは何かは感覚的に分かっているが、その定義をするのは難しい。そんな状況にあるわけである。

## 宗教の定義が必要になるとき

だったら、宗教の定義にこだわる必要はない。そうした考えも出てくるだろう。たしかに、宗教の定義について知らなくても、日頃の生活を送る上では問題がない。それは事実である。ところが、場合によっては、宗教の定義がどうしても必要な場面が出てくる。それは、法律の問題がからんでくるときである。

日本国憲法の第20条には、次のようにある。

第20条　信教の自由は、何人に対してもこれを保障する。いかなる宗教団体も、国から特権を受け、又は政治上の権力を行使してはならない。

2　何人も、宗教上の行為、祝典、儀式又は行事に参加することを強制されない。

3　国及びその機関は、宗教教育その他いかなる宗教的活動もしてはならない。

これは、「信教の自由」を保障するとともに、「政教分離」の原則を定めたものである。どのような信仰を持とうと、あるいは持たなくても、それは自由であり、宗教団体は国から特権を受けてはならない。そうした原則が憲法では定められている。

また、第89条では、「公金その他の公の財産は、宗教上の組織若しくは団体の使用、便益若しくは維持のため、又は公の支配に属しない慈善、教育若しくは博愛の事業に対し、これを支出し、又はその利用に供してはならない」とも定められている。公の金が宗教に使われてはならないというのである。

ところが、現実には信教の自由が侵されたり、政教分離の原則に違反するような事柄が起こる。とくに、後者に関連して裁判が起こされるようなときには、対象となった事柄が果たして宗教と言えるのかどうか、それが問題にされる。そのときは、どうしても宗教の定義を問題にしなければならなくなる。

具体的な事例としては、「箕面市忠魂碑訴訟」というものがあった。

箕面市は大阪府の自治体の一つで、忠魂碑とは、明治時代以降に、戦死した人々の慰霊のために建てられた石碑のことである。

1970年代の後半、箕面市にある小学校が老朽化し、改築工事が必要になった。工事のためには小学校の近くに隣接していた忠魂碑を移設しなければならなかった。そこで、箕面市は忠魂碑を移設するための土地を買い受け、忠魂碑を移設し、再建した。しかも、遺族会に敷地の無償貸与を行い、遺族会が主催する慰霊祭に市の教育長が参列した。

これが、憲法第20条と第89条に違反するとして、住民による訴訟が提起されたのである。

第1審では、忠魂碑は宗教的な性質を帯びていて、市の行為は政教分離に違反するという判決が下った。

ところが、第2審では、忠魂碑の宗教的な性質は否定され、教育長の行為も、社会的儀礼の範囲内だとして、住民の訴えは退けられた。最高裁も、第2審を支持した。

## 慰霊は宗教行為か

忠魂碑は戦没者を慰霊するために建てられたもので、慰霊という行為は、霊の実在を前提としているわけだから、宗教的な性質を帯びているとも考えられる。

しかし、遺族会は戦没者の慰霊の団体であって、宗教団体ではない。となると、果たして市がそうした団体に便宜を与えたことが、政教分離の原則に違反していると言えるのかどうか。それはかなり難しいところである。

この訴訟が提起された時代には、信教の自由や政教分離をめぐって同じような訴訟がいくつも起こされていた。そこには、靖国神社の国家護持を求める声が高まるとともに、それに対する反対運動も盛り上がりを見せたことがかかわっていた。反対する人たちは、政教分離の原則を徹底させることで、靖国神社の国家護持を阻止しようとしたのである。

日本人は、仏教の影響を受けているため、宗教をこころの問題としてとらえる傾向が強い。

しかし、日本に仏教が伝えられてから、仏教にとくに関心を持ち、寺を建立するなど、それを広めることに力を入れたのは、天皇や皇族、あるいは公家や武家など権力者が多かった。一般の庶民が仏教とかかわるようになるのは、かなり後になってからである。

その点で、仏教であっても、政治と深くかかわっている。あるいは、これは、忠魂碑の問題ともかかわってくるが、戦前には、「国家神道」の体制が確立され、神道の信仰が、国民道徳として強制されるようなこともあった。

海外で考えれば、キリスト教の教会は、それぞれの国の王の正当性を認める役割を果たし、「王権神授説」といった考え方も生まれた。イスラム教は、聖と俗とを区別しない宗教であり、政治と宗教とは密接に結びついている。１９７９年にイランで「イスラム革命」が勃発したときには、ホメイニというイスラム教の指導者がそのまま国家の最高権力者となった。

宗教は、こころの領域に限定される事柄ではなく、社会のあり方と深くかかわっている。宗教は社会現象であり、政治現象であり、さらには経済現象、文化現象でもある。それだけ多様な現象とかかわるものであるからこそ、その定義は難しいのである。

# 第3章

# 通過儀礼の重要性

## 通過儀礼から宗教をみる

宗教を定義しようとする第2章の試みから明らかになってきたことは、宗教という現象の多様性だった。宗教を定義しようとしても、すべての宗教にあてはまる形で定義することは相当に困難である。どうしても定義からもれてしまう宗教が出てくる。それは、宗教の本質となる部分が、それぞれの宗教によって大きく異なるからである。

そうなると、宗教学という試みも、対象の定義ができないままになってしまい、そこに問題が生じてくる。

では、どうしたらいいのか。

ここでは、「通過儀礼」という側面に焦点を当てることで、宗教を普遍的な形で理解する方策を探っていきたい。通過儀礼は、なんらかの形で、すべての宗教において見出される。そこに着目することで、宗教の意味や機能といったことが理解できるようになるはずなのである。

では、通過儀礼とは何なのだろうか。

通過儀礼について、辞書では、次のように説明されている。

人の一生に経験する、誕生・成年・結婚・死亡などの儀礼習俗(『広辞苑』第5版)。

さらに、この辞書では、「入社式2」を参照するよう指示されている。入社式1は、「会社へ入社する際の儀式」だが、入社式2は、「新しい社会集団への加入や社会範疇への移行に伴って社会的な地位や資格に大きな変化が生ずる際に、社会的な認知のために行われる通過儀礼。年齢集団・秘密結社・宗教集団などへの加入や成人式などの儀礼に代表され、試練や死と再生の象徴などが特徴。入団式。イニシエーション」と説明されている。これを一読しても、多くの人たちはピンとこないかもしれない。説明がかなり難しいからだ。

## 身近な儀礼習俗

「人の一生に経験する、誕生・成年・結婚・死亡などの儀礼習俗」ということについては、人が歩む人生の過程を考えてみれば、具体的に何をさしているかが明らかになってくる。

誕生にかんする儀礼習俗としては、たとえば、「初参り」といったことがあげられる。これは、新しく赤ん坊が生まれたとき、誕生から1カ月前後に、地元の神社へ参拝する日本の風習である。地元の神社に祀られているのは、その地域の氏神であり、初参りは、赤ん坊が氏神を信仰する氏子の仲間入りをしたことを示している。

成年にかんする儀礼習俗としては成人式があげられる。結婚の場合には結婚式があり、死亡にかんする儀礼習俗が葬式である。

こうした儀礼習俗は、「冠婚葬祭」と言われる。

「冠」は、かつての元服に由来し、現代で言えば成人式を意味する。「婚」は結婚式で、「葬」は葬式である。

問題は「祭」である。祭ということばを聞くと、現代の私たちは、神社などで行われる、いわゆる「お祭り」のことを思い起こす。しかし、冠婚葬祭の祭という場合には、本来は、先祖の霊を祀る儀礼のことをさしている。年忌法要や盆の行事などがそれに該当する。

## 成人式の持つ意味

こうした儀礼習俗が通過儀礼ということになるが、その重要なポイントは、儀礼を経ることによって、その人間の立場や地位が変化することである。

初参りでは、すでに述べたように、まだ氏子ではなかった赤ん坊が氏子の仲間入りを果たす。成人式では、子どもから大人へとその立場が変わる。結婚式では未婚から既婚へと変化し、葬式では生者から死者に改まる。日本では、その家の死者を「ご先祖さま」として祀る慣習がある。葬式やその後に続く法要を通して、死者は家で祀られる神、あるいは仏に近い存在に変化していく。

これは日本に限らず、世界のさまざまな地域で見られることだが、通過儀礼のなかで、成人式がもっとも重視されている。日本では葬式もかなり重要な意味を持ってきたが、それは、日本や東アジアの周辺諸国に限られる。

成人式は、まだ近代化が進んでいない伝統的な社会では、相当に重視されていた。それは、大人と言える人間が多く存在しなければ、社会の維持が難しいからである。たとえば、狩猟を中心とした社会では、狩りを行うための技量が十分に備わっていない人間、つまりは大人でない人間がそのなかに含まれると、仲間を危険にさらすことにもなりかねない。

現在の日本で行われている成人式の場合には、20歳になった若者が、その年齢に達したということだけで参加資格を得るわけで、それを経ても何らかの変化が本人に起こるわけではない。たんに晴れ着を着る機会にすぎないとも言える。

しかし、近代以前に存在した武士の社会においては、成人式にあたる元服は極めて重要な意味を持った。武士としての十分な力量を備えていなければ、大人とは見なされなかったからだ。それが、近代になると、徴兵制が敷かれることで、軍隊生活を経験しているかどうかが、大人としての一つの指標とも見なされた。

## 信仰と通過儀礼

次に見ていかなければならないのが、辞書にある入社式2の意味である。そこでは、「新しい社会集団への加入や社会範疇への移行に伴って社会的な地位や資格に大きな変化が生ずる際に、社会的な認知のために行われる通過儀礼」と説明されていた。

これは、すでに述べてきた一般的な通過儀礼にもあてはまることである。初参りの場合、それは氏子という社会集団への加入を意味する通過儀礼としてとらえることもできるからである。成人式も、大人によってだけ構成される社会集団へ加入するための儀礼、あるいは大人という社会範疇に移行するための儀礼としての性格を持っている。

その点では、一般の通過儀礼について、異なる説明の仕方をしただけとも言える。だが、それに続く、「年齢集団・秘密結社・宗教集団などへの加入」という部分になってくると、年齢集団を除いて、性格はかなり変わってくる。

秘密結社と聞くと、陰謀を働いている危険な集団というイメージが湧くかもしれない。だが、ここで言われる秘密結社は、そうした組織や集団に限定されるものではなく、一定の資格や技能を持つ人間だけが加わることができる組織や集団のことである。

宗教集団ということになると、信仰ということがかかわっており、入信のための儀礼が存在するところが多い。代表的なものとしては、キリスト教における「洗礼」があげられる。カトリックでは「幼児洗礼」が行われ、これは、初参りと同じような性格を持つものだが、プロテスタントでは、洗礼を受けるためには信仰の自覚があることが求められる。洗礼は、全身を水に浸すか、頭上に聖水を施すといった形で行われる。

入社式2の説明のなかで、もっとも重要なのは、「試練や死と再生の象徴などが特徴」と述べられている部分である。

通過儀礼ということが、宗教の世界で重要な意味を持ってくるのは、ここで言われるように、試練を含み、死と再生の象徴が用いられることである。

伝統的な社会における成人式においては、必ずや試練が伴う。たとえば、バンジージャンプというアトラクションが存在するが、これは、もともとは南太平洋にあるバヌアツ共和国に属するニューヘブリディーズ諸島ペンテコステ島で行われてきた通過儀礼をもとにしている。数十メートルに達する木のやぐらを組み立て、足に命綱としてツタをまきつけ、それで、やぐらの上から地上に向かってジャンプする。それが試練になっていて、ジャンプする勇気を持たない者は大人の仲間入りができないのである。

通過儀礼を経ることによって、その対象となった人間の社会的な地位は変化することになり、それまでできなかったこともできるようになる。それは本人にとって一定の利益が得られるということだが、その利益を得るためには、それに値する人間であることを証明しなければならない。その証明にあたるのが、試練の克服という事柄なのである。

## 修行＝試練の克服

特定の組織のメンバーとなった人間にとって、そこに加わるというだけでは終わらない。組織内における地位の変化や移動ということが起こる。それは、組織のなかでより上位の地位に就くということであり、その資格を得るためには、新たな通過儀礼を経験しなければならなくなる。修行がその代表である。

日本の宗教集団のなかでは、とくに修行が発達しており、組織のメンバーは、さまざまな形で修行に取り組むことになる。それは、専門の聖職者にとどまらない。一般の信者も、修行に取り組まなければならないことがある。

日本では、山岳宗教として修験道が存在するが、それを実践する山伏になるためには、先達と呼ばれる先輩の行者について数々の修行を実践しなければならない。そうした修行のなかには、かなり過酷なものも含まれており、試練としての性格を持っている。

試練を克服して、新しい人間になるということは、その人間が生まれ変わることを意味する。生まれ変わるということは、それまでの古い存在が死に、別の新たな存在として再生することである。そうしたことがあるために、通過儀礼は、死と再生の象徴によって表現されるわけである。

試練を克服するということは、それまでできなかったことに挑戦し、はじめてそれに成功するということである。それを通して、本人には自信が生まれる。その自信は、実際の体験に裏づけられているわけで、しっかりとした基盤の上にある。

試練を克服した人間に対しては、周囲の目も変わってくる。それまでは幼く、頼もしさに欠けていた若者が、成人式の試練に直面し、苦労しながらもそれを克服すれば、さまざまな点で成長したように見え、その姿は頼もしく映る。周囲も、通過儀礼を果たした人間に対して一目おく。逆に、克服できなかった人間に対しては厳しい目が注がれる。本人も、自信を失い、どう自分の人生を立ち直らせていけばいいか、途方に暮れてしまう。

ただ、それもまた新たな試練だと言える。失敗すること、挫折することは、新しい課題を生む。その課題は、より厳しいものかもしれないが、それを克服すれば、名誉回復がかなう。さらには、最初の試練を克服できたときよりも、高い評価を得ることにつながるかもしれない。

その意味で、人の一生は通過儀礼の連続である。次々と試練に見舞われ、そのたびに、それに挑み、与えられた課題をやり遂げていかなければならない。それはかなり過酷なことだが、一人前の人間、さらには社会的な評価の高い人間になるためには、絶えざる通過儀礼の経験が不可欠なのである。

## 『ローマの休日』の通過儀礼

通過儀礼の試練を克服することが、劇的な体験になるため、それは物語としても表現されてきた。古くは神話がそれにあたり、神話には試練に直面して、数々の試練を克服していく「英雄」が登場する。日本の神話では、素戔嗚尊（スサノオノミコト）が八岐大蛇（ヤマタノオロチ）を退治する話が出てくるが、これこそが英雄の通過儀礼である。

それは、神話に限らず、あらゆる物語に共通して言えることで、現代の小説でも、主人公の通過儀礼を扱ったものが少なくない。

たとえば、恋愛をテーマとした小説であれば、主人公が通過儀礼を果たしていくという構造の物語になっていく。主人公が誰かに恋をしたとき、その恋は簡単にはかなえられない。かなえられてしまえば、そこで物語が終わってしまうわけで、作者は、主人公に数々の試練を与える。ライバルの出現などは典型的なパターンであり、自分が恋をした相手のこころをつかむには、ライバルに打

**通過儀礼としてみる『ローマの休日』**
（島田裕巳『映画は父を殺すためにある―通過儀礼という見方』27頁、ちくま文庫、2012年）

ち勝っていかなければならない。それは、主人公にとっての試練であり、その試練を克服していく過程が恋愛物語になっていくのである。

映画を通過儀礼の観点から分析していったのが、拙著『映画は父を殺すためにある』（ちくま文庫）である。この本のなかでは、さまざまな映画を取り上げ、それが主人公の通過儀礼を描いていることを示した。一番最初に取り上げたのは、オードリー・ヘップバーンが主演した『ローマの休日』である。これは、今から60年以上も前の作品だが、映画のなかの登場人物は、作品のなかでは年をとっていくわけではないので、今でもみずみずしい作品として見ることができる。

ヘップバーンが演じたのは、ヨーロッパ最古の王室に生まれたアン王女である。王女は、ヨーロッパ各国を訪問し、イタリアのローマにたどり着くが、日程が過密だということもあり、かなりナーバスになっている。

そこで、舞踏会のときには、長いスカートのなかで、履いていた靴をおもちゃにして、それが脱げてしまい、周囲が慌てたりする。舞踏会が終わり、寝室で、翌日の訪問先の確認をしている途中には、突然、叫び出してしまう。しかもその夜、滞在先の王宮から一人で勝手に飛び出してしまう。

ところが、叫び出したときに、医師から鎮静剤を注射されていたため、ローマの街のなかで眠り込んでしまう。そのとき、彼女を見つけ、しかたなく自宅に連れていくのが、アメリカ人の新聞記者のジョー・ブラッドリーで、これをグレゴリー・ペックが演じている。

最初ブラッドリーは、彼女が王女だとは知らなかった。しかし、翌日、王女が病気になったことを伝える新聞記事の写真を見て、彼女が王女だと気づく。彼は新聞記者として、王女に対する単独インタビューを成功させ、報酬を得ようとする。そのために、翌日は、ローマの街で王女と一日付き合い、船上パーティーにまでついていく。

ところが、王女の故国からは、彼女を探すために男たちが送り込まれていた。彼らは、パーティーで彼女を発見し、連れ戻そうとするが、ブラッドリーなどを含めて大立ち回りになり、二人はまんまと逃げ出すことに成功する。河に飛び込んで助かった二人は、熱いキスを交わす。だが、王女はいつまでもそうしているわけにはいかない。深夜、ブラッドリーに車で送ってもらい、王女は王宮に戻る。

逃げ出す前の王女は、自分に与えられた公務をこなすことが嫌で、駄々をこねたりしたわけだが、戻ってきたときには、そのときとは違う毅然とした態度を示す。何をしてきたかについてはいっさい口を閉ざし、自分は祖国に対して義務があるから戻ってきたとだけ言う。

翌日には、前日に予定されていた記者会見が行われ、そこには、ブラッドリーも姿を見せる。彼は王女とのことについてはいっさい記事にしないことを、はっきりとはことばにしない形で約束する。もう二人は二度と会うこともないだろう。そんな印象を残して映画はエンディングを迎える。

アン王女がローマの街でつかのまの休日を味わったのは、たった一日のことである。その限られた時間のなかで、彼女は王女という身分から解放され、自由を満喫する。

しかし、シンデレラが12時には家に戻らなければならないように、彼女も、元の世界に戻っていかなければならない。戻らなければ、故国の人間たちは大いに心配する。戻る覚悟をしたときの彼女は、それまでになかった威厳を示す。

映画のなかでは、「スケジュール」ということばが鍵になっていて、全部で三つの場面に登場するが、このことばに対する反応の仕方の変化が、彼女が通過儀礼における試練を克服したことをはっきりと示している。

最初は、ベッドのなかで叫び出す場面で、彼女に付き添っていた伯爵夫人の読み上げるスケジュールに拒否反応を示す。ブラッドリーが、カフェで、これからのスケジュールをどうするかと問い掛けたときにも、そのことばは嫌いだとはっきりと告げる。

ところが、王宮に戻ってきたときには、不安げに彼女を見つめる伯爵夫人などの前で、自分から翌日のスケジュールに言及する。彼女は、自分が公務をつつがなく果たしていかなければならないことを覚悟し、その覚悟が、スケジュールということばを自分から発したところに示されていた。このスケジュールというたった一言の使い方だけでも、この映画の脚本が十分に練り上げられた優れたものであることが分かる。

王女は、王室に生まれたから王女としてふるまい、公務を果たしていかなければならない。それは彼女にとっての宿命だが、まだ精神的に幼い王女は、それをうまく受け入れることができない。その点で、本当の王女になるためには、何らかの通過儀礼が必要だった。その通過儀礼を、ローマの休日が果たすことになったのである。

『ローマの休日』は、アン王女にとっての通過儀礼が物語の軸になっている。ただし、試練を克服するのは彼女だけではない。ブラッドリーの方も、最初は、カード博打にうつつを抜かし、王女に単独インタビューをする記事を作って金儲けを企む「ダメ記者」だった。それが、最後には、記事にしない決断を下し、そこで毅然とした態度を示す。ブラッドリーも通過儀礼を果たしたことになる。

しかし、王女が決断することによって、二人の関係は終わり、再会の機会も永遠に訪れないように見える。その点では、この映画は必ずしもハッピーエンドとは言えない。ブラッドリーが王宮を後にする最後のシーンには、どこか寂しさが漂っている。子どもの世界に終わりを告げるには、何かを諦めなければならない。映画が気品のあるものに仕上がっているのも、このことが関係している。

## 通過儀礼は人生そのもの

アン王女とブラッドリーは通過儀礼を果たすが、誰もがそれに成功するわけではない。映画のなかには、むしろ主人公が試練を克服することに失敗する過程を描いたものがある。主人公の死など、悲劇に終わる映画の場合には、通過儀礼の失敗を描いていることが多い。

実際の人生のなかでも、私たちは通過儀礼と言える機会に遭遇する。思わず試練に見舞われるのである。失恋や失業、倒産などは、多くの人たちが経験しなければならない試練になっていく。

それは、成人式などの儀礼習俗とは異なり、用意されたものではない。用意された儀礼では、試練が含まれても、それは形だけのものである。必ず克服できることが前提になっているからである。

ところが、実際の人生のなかで遭遇する試練は、それを克服できる保証がないものばかりである。一度の失敗が次の失敗へと結びつき、そこから転落の人生がはじまることもある。現実の通過儀礼は、はるかに過酷である。

ただ、困難に遭遇したとき、それを試練として受け止め、自分にとっての新たな通過儀礼がはじまったのだと考えることができれば、その試練に対する取り組み方も変わってくる。通過儀礼の重要性は、実はそこにある。

人生の困難を通過儀礼における試練としてとらえることで、それを是が非でも克服しようとする心構えが生まれる。克服することで、新しい人生がはじまるのだと、そこに希望を見出すこともできるのだ。

要するに、人生そのものが通過儀礼なのである。通過儀礼をくり返していくことで、人は人生をまっとうすることになるのである。

# 第4章

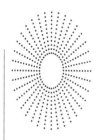

# 通過儀礼の構造

## ――人間を変容させる儀礼――

## 『勧進帳』の通過儀礼

歌舞伎に『勧進帳』という演目がある。人気の演目で、くり返し上演されるので、「またかの関」などと呼ばれることもある。舞台が、石川県小松市の安宅の関に設定されているからだ。

歌舞伎の『勧進帳』は、能の『安宅』を元にしている。5代目市川海老蔵（7代目市川團十郎）が天保11（1840）年に江戸の河原崎座で初演した。市川團十郎家は歌舞伎の「宗家」とされ、この家で代々伝えられてきた重要な演目は「歌舞伎十八番」と呼ばれる。『勧進帳』も、この歌舞伎十八番に含まれる。

物語の主人公は弁慶である。弁慶は、まったくの架空の人物というわけではない。実在したようで、鎌倉幕府の歴史をつづった『吾妻鏡』では、源義経の郎党の一人とされる。ただし、それ以上のことは分かっていない。

物語の世界では、弁慶は有名人物である。とくに、義経との関係を描いた「牛若丸と弁慶」の話はよく知られている。各地には弁慶ゆかりの場所も多く、『安宅』と『勧進帳』において物語の主役となったことで、強烈な存在感を放つようになった。歌舞伎には、『勧進帳』以外にも、弁慶が登場する演目がいくつもある。

通過儀礼について考える上で、『勧進帳』という演目はとても興味深い。

弁慶が仕える義経は、鎌倉幕府を開くことになる源頼朝の異母弟である。平家を打ち破るために兄頼朝が挙兵すると、義経もそれに加わり、一ノ谷の合戦などで大活躍し、檀ノ浦の戦いでは平家を滅ぼすに至る。

ところが、その後の義経は勝手な行動をとったとして、頼朝と対立する。とくに頼朝の許可を得ないで、朝廷から官位を授けられたことが、頼朝の地位を脅かすものだとされた。頼朝は義経を討ち果たそうとしたため、義経は各地を逃げ回る。その際に、義経一行が山伏に身をやつしたことが、『勧進帳』の物語に結びついていく。

最後、義経は奥州藤原氏を頼って奥州まで逃げるが、頼朝の圧力に屈した藤原泰衡に襲われ、命を落とす。『勧進帳』は、奥州に逃げていく義経一行が安宅の関を通過していく場面を描いたものだが、これは、実際の歴史を反映したものではなく、まったくの架空の話である。

安宅の関を無事に通過するのは容易ではない。なにしろ、関を守っている富樫左衛門は、義経一行が山伏に身をやつしていることを情報として知っているからである。いかにして一行は関を通過していくことができるのか。それともできないのか。緊迫した状況のもとで展開されるドラマが、『勧進帳』の魅力になっている。

通過儀礼においては、前の章で見たように、儀礼の対象者がいかに試練を克服していくかが鍵になる。その点で、あらゆる物語は通過儀礼として見ていくことができるのだが、『勧進帳』は、その物語の設定からして、通過儀礼の性格を持つことが明確になっている。

しかも、通過儀礼を経験するのは弁慶と義経一行だけではない。義経一行の通過を最終的に許す富樫にとっても、それは通過儀礼になっている。その点は、物語を分析することによって明らかになってくる。

## 一行をはばむ関

物語の冒頭では、富樫と3人の番卒が登場し、なぜ自分たちが関を守っているのかを語る。自分たちは、義経一行が身をやつしている「山伏を堅く詮議せよ」という頼朝の命令を受け、その使命を果たそうとしていることを明らかにするのだ。

そこに、まさに山伏姿になっている弁慶と義経の一行がやってくる。義経は、荷物を運ぶ強力《ごうりき》に身をやつしているが、その衣装は、義経が貴人であることを示している。これでは最初から正体を明かしていることになってしまう。だが、物語ではこうした設定も許される。

一行は、物語のなかでいくつかの試練を克服していかなければならないことになるが、最初の試練は、勧進帳を読み上げる部分で、それは、「山伏問答」へと続いていく。

なぜ一行が山伏姿になっているかと言えば、東大寺復興のための勧進を行っているという体裁をとっているからである。実際に東大寺は、平家の平重衡による兵火で壊滅的な打撃を受けた。それによって大仏殿などが失われることになり、その復興が課題になる。頼朝が東大寺の復興に尽力したことはよく知られているが、物語はそうした歴史的な事実を下敷きにしている。

勧進は、神社や寺院、あるいは仏像などの建立や修復を行う際に、それに必要な資金を集めるために行われる。勧進を行うことも、また、それに応じて金などを寄進することも、仏教を興隆させることにつながり、個人にとっては功徳になると考えられている。

勧進の趣旨を述べた巻き物が「勧進帳」である。一行が本当に勧進を行っているのなら、勧進帳を所持していて当然である。富樫は、そこを突いてくるが、迂闊なことに、一行は勧進帳を用意していなかった。

そこで弁慶は、背負っていた笈《おい》のなかから、何も書かれていない巻き物を取り出し、それを読み上げる真似をする。実際には白紙で、読み上げはその場の即興で行われたという設定になっている。

弁慶は立派に勧進帳を読み上げることに成功するが、富樫はそれでは許されない。山伏のことについて、さまざまな点から質問を投げかける。本物の山伏なら、難問にも答えられるはずだというわけである。

この山伏問答は、能の『安宅』にはなかったもので、講談から取り入れられたとされる。さらにその元は、実際の山伏が行っている問答に求められる。仏教では、教えをめぐって議論を戦わせるということがさまざまに行われているが、山伏の問答もその一つである。

問答のはじまりは穏やかだが、次第にそれは熱を帯び、富樫は弁慶に迫っていく。最後、弁慶は、富樫に問われて、「九字真言《くじのしんごん》」という秘密の教えまで明かしてしまう。

弁慶がよどみなく問答に答えていったことから、富樫は、「かゝる尊き客僧を、暫しも疑ひ申せしは眼《まなこ》あつて無きが如き我が不念《ぶねん》」と言って、無礼を詫び、勧進の施主になると表明する。弁慶の知力が勝ったのだ。これによって、一行は最初の試練を克服する。

しかし、試練はこれで終わりではなかった。さらに厳しい試練が、一行を待ち受けていた。

## さらなる試練

勧進の施主となった富樫は、絹や砂金などを寄進する。弁慶は、近々ふたたびこの関に戻ってくることになっていると言って、砂金だけを受けとる。

一行は、関を通過していくことになるが、番卒の一人が強力姿の義経に目をつけ、富樫に注進をする。すると、富樫は、着ていた素襖《すおう》の右肩を脱ぎ、太刀をとって、「如何に、それなる強力、止まれとこそ」と、一行の通過を制止する。

すると、もともと武力を使ってでも関を越えようという考え方をもっていた他の「四天王」と呼ばれる家臣たちが、富樫たちと対決するために駆け戻ろうとする。弁慶はそれを押し止め、義経のところへ行って、「こな強力の、何とて通り居らぬぞ」と声を掛ける。富樫が制止したことなど知らないという態度をとり、強力に関を通過するよう命じたのだ。

それに対して富樫は、「あの強力が、ちと、人に似たると、申す者の候うゆえに、さてこそ、ただいま留めたり」と迫る。これに対して弁慶は、「なに、人が人に似たるとは、珍しからぬ、仰せにこそ」と、なおもとぼけようとして、その上で、「さて、誰に似て候ふぞ」と問い質す。すると富樫は、「判官殿《ほうがん》に似たると申す者の、候ふほどに、落居《らっきょ》の間、留め申した」と、強力が判官こと

ずだ。

義経に似ているので留めたと答えるのである。落居は、しばらのくの間の意味である。

いったんは危機を乗り越えたものの、今回の危機はそれ以上に困難なものである。もし、『勧進帳』を一度も見たことがない観客なら、弁慶がこの危機にどう対処していくのか予想もつかないは

何度も見ている観客でも、役者が迫真の演技をしているのなら、それを追っていくことにすべてを費やしてしまい、これからどう展開していくのかを一瞬忘れてしまう。そこに、この演目が成功するかどうかの重大な鍵がある。役者にとっても、『勧進帳』の弁慶を演じきるということは試練であり、通過儀礼なのである。

ここで弁慶は意外な行動に出る。

まず、「なに、判官殿に、似たる、強力めは。一期の思い出な。腹立ちや、日高くは、能登の国まで、越さうずるわと、思いおるに、わずかな笈ひとつ、背負うて、後へ下ればこそ、人も怪しむれ」と、非力な強力を強く非難する。強力が、主君たる義経であるにもかかわらずである。

さらに、「総じて、このほどより、判官殿よと、怪しめらるるは、おのれが業《わざ》の、つたなき故なり。思えば、にっくし。憎し、憎し。いで物見せん」と、強力への憎しみを募らせていく。これは、次の行動を引き起こすために、どうしても必要な作業だった。弁慶は、義経の持っていた金剛杖をとって、それで義経を打ち据える。長唄は、この場面で、「金剛杖を、おっ取って、散々に、打擲《ちょうちゃく》す」と歌い上げる。

これは、弁慶の咄嗟の判断である。強力が義経ではないことを示そうとしたわけだが、それでは富樫は通過を許さない。

すると弁慶は、富樫が笈に目をつけ、それを盗もうとしているのだと言いがかりをつけるが、そんなことで富樫が折れるはずもない。両者のあいだには一触即発の危機が訪れ、もみ合いに発展しようとする。

そのとき弁慶は一世一代の賭に出る。

それも、物語の冒頭、花道に出てきたところで、関を力づくで突破するのかどうかということが家臣たちのあいだで議論になったとき、弁慶が慎重な態度を求め、義経から、「弁慶、よきにはからい候へ」と全権委任されていたからだ。

弁慶は、「まだこの上も、おん疑い候はば、この強力、荷物の布施物もろともに、おあずけ申す。いかようにも、究明あれ。ただし、これにて、打ち殺し、見せ申さんや」と、強力はそちらに渡すが、その前に強力を打ち殺すとまで言い出したのだ。

これには、富樫が慌てる。家臣である弁慶が、主君である義経を打ち殺すなどということは、武士の道に反するあってはならないことだと考えている。弁慶はそこを突いたのだ。そこには弁慶の必死の覚悟がある。もし弁慶がその場で義経を殺したら、それはそのまま弁慶自身の死を意味する。死んでわびるしかないのだ。

その覚悟を示された富樫は、最終的に、「今は、疑い、晴れ申した。とくとく、いざない、通られよ」と申し渡すしかなくなる。これで、一行は無事に安宅の関を通過することができるのだが、富樫は、強力が義経だと確信していたはずで、その点で、頼朝の命令に逆らったことになる。富樫がその後どうなったのか、『勧進帳』では何も語られない。

だが、『勧進帳』の構造について詳しく分析した演劇評論家の渡辺保は、「富樫には一つの口伝がある。それは富樫は幕を引いたあと、頼朝への言い訳に自害するつもりでつとめるというものである」と指摘している（『勧進帳―日本人論の原像』ちくま新書）。

『勧進帳』は、弁慶と義経一行が、安宅の関を通過していく通過儀礼のドラマであり、とくに弁慶は過酷な試練を克服していくことになる。いくら策略とは言え、主君を打擲した罪は重い。それでも、なんとか義経を逃げ延びさせようと、自らの死を覚悟した上で、弁慶は泣く泣く義経を打ったのだ。

『勧進帳』はまた、富樫にとっての通過儀礼を描いているとも言える。富樫は、頼朝に命じられて関守になったわけだが、弁慶の捨て身の行動に接して、義経一行と知りつつ、彼らの通行を許す。富樫も主君への忠を重視する武士である以上、弁慶の思いが痛いほど分かったのだ。それは、富樫を死へと追いやることになるが、その死は敗北ではなく、武士としての花道でもある。富樫は、武士としての人生を貫き通すことに成功したのだ。

さらに、『勧進帳』は、義経にとっても通過儀礼である。義経は、弁慶にすべてを任したことで、弁慶のやり方に従うしかなくなる。途中で、主君としての顔をあらわにしたりすれば、それは弁慶の策略を台なしにするだけではなく、主君と家臣の関係を根本から突き崩すことになってしまう。

もちろん、『勧進帳』は架空の物語であり、舞台でくり広げられるようなことが実際に安宅で起こったわけではない。一行が安宅を通ったという証拠もない。だが、観客は、男たちそれぞれが試練に対して果敢に挑戦していく姿を見て、感激し、涙することになるのである。

## 分離儀礼、過渡儀礼、統合儀礼

通過儀礼についてはじめて本格的な研究を行ったのが、フランスの民俗学者であるアルノルト・ファン・ヘネップ（Arnold van Gennep）である。ファン・ヘネップには、『通過儀礼』（綾部恒雄・綾部裕子訳、岩波文庫）という著書がある。

そのなかでファン・ヘネップは、通過儀礼をさらに三つの下位儀礼に分けている。分離儀礼、過渡儀礼、統合儀礼である。その上でファン・ヘネップは、「分離儀礼は葬式の際によくみられ、統合儀礼は結婚式によくみられ、過渡儀礼は例えば妊娠期間や婚約期間の儀礼、加入礼などにおいて重要な役割を占めることがよくある」と指摘している。

たしかに、葬式は死者と生者の別れ、つまりは分離を確認するために行われる。結婚式は、新郎と新婦、あるいは新郎の家と新婦の家の間の統合を確認するための儀礼である。妊娠期間や婚約期間は、ある状態から別の状態への過渡期において行われるものだし、宗教集団などに入信する際の加入礼は、過渡期における移行が無事に行われたことを確認するためのものである。

しかし、通過儀礼を三つの下位儀礼に分けるだけではなく、それぞれの通過儀礼において、分離、過渡、そして統合の三つの局面があるととらえることの方が重要である。それによって通過儀礼の基本的な構造が明らかになってくるからである。

『勧進帳』で考えれば、まず安宅の関のあり方が、この三つの局面の存在を前提としている。関を通過する人間は、それまで旅してきた日常の世界から分離され、関での審問に臨む。審問が行われる間は過渡の状態に置かれ、無事に審問に合格すれば、関を越えて、また日常の旅に戻り、統合されることになる。

弁慶と義経一行の場合、花道の出の部分が、分離にあたり、そこで弁慶はすべてを委ねられる。これによって、弁慶は重大な責任を負わせられることになり、それまでとは異なる立場におかれる。

安宅の関では、過渡の状態に置かれたことで、数々の試練を課される。その試練は、予測できなかったものであり、すべてを委ねられた弁慶は、自らの機転と覚悟によって、その危機を乗り越えていかなければならなくなる。

命を賭けて試練を乗り越えたことで、一行は旅を続けられる状態に戻り、統合されることになる。関を通り越した後、ふたたび富樫が現れ、疑ったことを謝罪し、弁慶に酒を振る舞うが、弁慶は延年の舞を披露することで、富樫の好意に答える。この部分は統合儀礼としてとらえることができる。

一行は幾度も試練を克服していったのだとすれば、分離、過渡、統合の三つの儀礼をくり返していったと見ることもできる。

## 通過儀礼の構造

通過儀礼の構造を図式化したのが、文化人類学者のエドマンド・リーチ（Edmund Leach）だった。リーチは、イギリスの人類学者で、食のタブーや近親相姦のタブーについて研究したことで知られている。彼は、『文化とコミュニケーション―構造人類学入門』（青木保、宮坂敬造訳、紀伊國屋書店）のなかで、次頁のような図を示して、通過儀礼の構造を説明している。

この図は、通過儀礼において、中間の過渡、あるいは移行の段階がもっとも重要なものであることを示している。その過渡・移行の段階で試練が課され、通過儀礼の対象者は、試練を克服することで、社会的な地位や評価を変えていく。

ただ、そうなると、通過儀礼を経ることでどう変化したかが、リーチの図では十分に表現できていないことになる。同じところに戻ってきてしまうからだ。

私は、統合されたときに、もとの状態に戻るのではなく、一段上の状態に上がるということを強調するために、図は変更する必要があると考えている。これで、通過儀礼が生まれ変わりを伴うことがはっきりとしてくるのである。

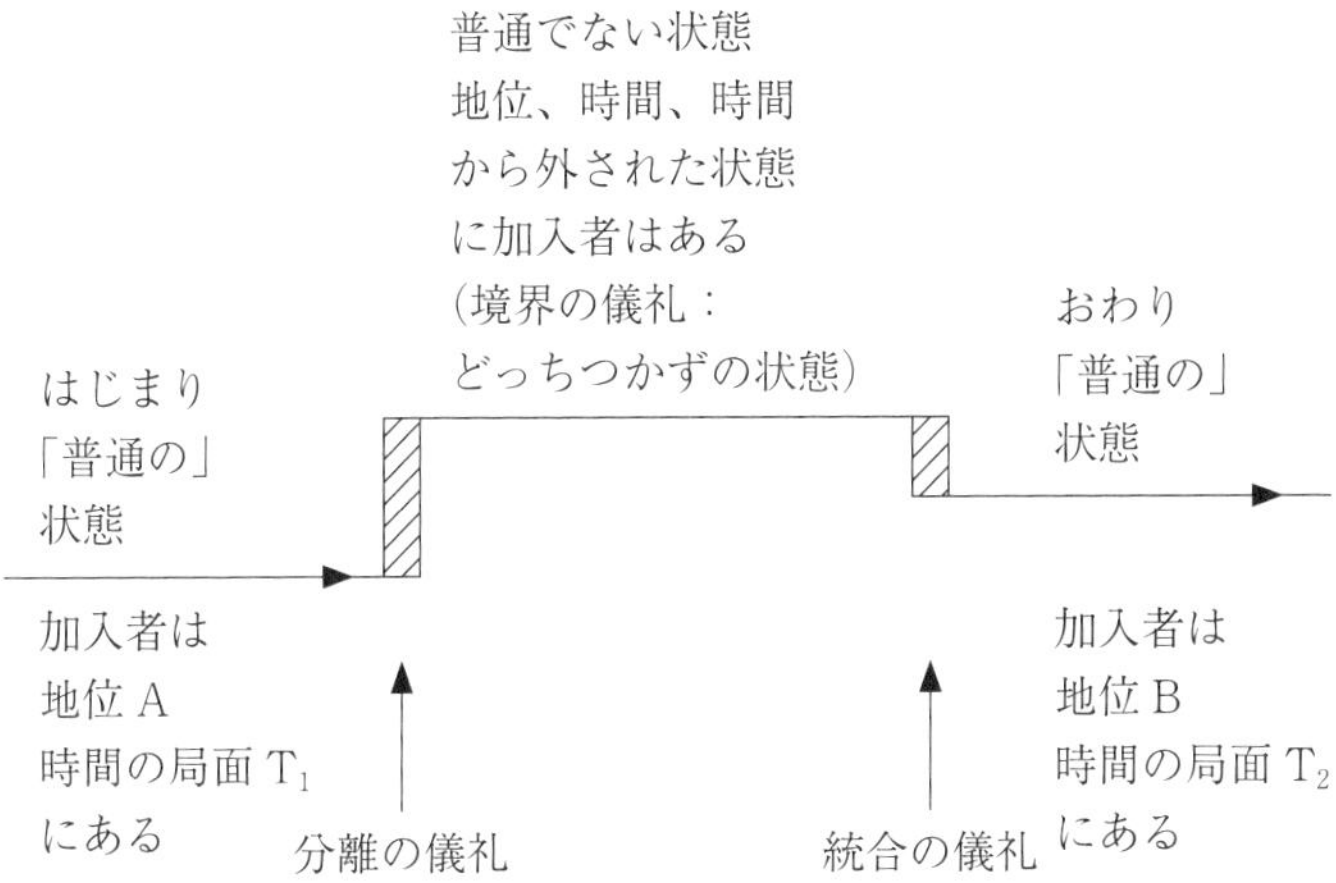


**通過儀礼の3局面（分離・境界・統合）**
（リーチ、青木保ほか訳『文化とコミュニケーション—構造人類学入門』160頁、紀伊國屋書店、1981年より。一部改変して引用。）

通過儀礼を経た人間が生まれ変わりを果たすためには、試練の克服が不可欠である。試練を克服することで、自分が変化したという自覚を得ることができるし、周囲もその点で本人を評価するようになる。

そうした面がとくに強調されるのが、すでに述べたように、通過儀礼の典型ともなる「成人式」の場合である。

スタナーというオーストラリアの人類学者が報告しているヌリンバタ族の青年たちは、10歳で割礼を受けた後、その数年後には「プング」と呼ばれる通過儀礼を経なければならない。

その際に、青年たちは、子どもや女たちが近づくことができない秘密の場所に連れていかれる。これが、通過儀礼における分離にあたるわけで、そこでは、生まれ変わるために裸にされ、さまざまな試練を課せられる。これが過渡の段階で、大人しか知らない踊りを教えられたりする。

これを終えて、青年たちは元の村に戻っていくことになる。それが統合の儀礼ということになるが、それから一週間にわたっては、母親を含め女たちとの会話が禁じられる。とくに母親との関係は、通過儀礼を経るまでとは大きく変わり、成人した青年たちは、やがて結婚し、新たな家庭を持つことになる。逆に言えば、このプングを経験しなければ、青年たちは、ヌリンバタ族において大人としては見なされないのである。

ファン・ヘネップが理論化し、リーチが図式化した通過儀礼の構造は、この場合にもあてはまる。それは、さまざまな事柄に応用することができるという点で極めて重要なものなのである。

# 第5章

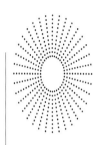

## 神女になる

――沖縄久高島のイザイホー――

## 琉球王国の国造りと久高島

沖縄の宗教文化は独特である。それは、近代に入るまで、沖縄には「琉球王国」が存在し、独自の宗教文化が確立されていたからである。仏教や神道も伝えられたが、御嶽《うたき》と呼ばれる斎場では、琉球独自の儀式が営まれていた。

その時代の遺跡の一つに、「斎場御嶽《せいふぁうたき》」がある。現在、この斎場御嶽は、首里城跡などを含め、「琉球王国のグスク及び関連遺産群」として世界遺産に登録されている。登録されて以降は整備も進められ、多くの観光客を集めるようになった。

ただし、私が１９８０年代のはじめに斎場御嶽を訪れたとき、そこは荒れ果てていた。そのときは、放送大学の実験番組を制作するために、沖縄のお盆の行事を取材することが目的で、斎場御嶽が取材対象になっていたわけではなかった。いかにそこが荒れ果てていたかは、近くに止めていた私たちの車が、斎場御嶽を見学しているあいだに置き引きにあったことに示されていた。琉球王国の遺跡は、ひどく治安の悪い場所になっていたのだ。

斎場御嶽は、沖縄の南部、南城市にあり、そこは、15世紀から16世紀にかけての尚真王時代のものとされる。尚真王は、中央集権化を推し進めるなど、琉球王国の政治的な基盤を確立することに力を尽くした。また、「聞得大君《きこえのおおきみ》」と呼ばれる最高神女を中心に、神に仕える女性たちの組織化をはかったことでも知られる。

聞得大君の就任儀礼である「御新下り《おあらお》」が行われたのが斎場御嶽であった。即位儀礼も、対象者の身分や地位が大きく変わるという点で、通過儀礼としての性格を持っている。

その点でも、聞得大君の就任儀礼は注目されるが、現在では、聞得大君は存在せず、斎場御嶽ではいっさい儀礼は行われなくなっている。だからこそ一時荒れ果てていて、注目もされなかったわけだが、重要なのは斎場御嶽には巨大な岩があり、儀礼がその岩の前で行われたことである。

15世紀から16世紀と言えば、それは、日本の時代区分では近世に相当する。日本では、古代において巨大な岩の前で儀礼が行われていた。神社の最古の形を示しているとされる奈良県桜井市の大《おお》神《みわ》神社がその典型で、神体とされる三輪山ではかつて「磐座《いわくら》」と呼ばれる大きな石のところで祭祀が行われていた。その点で、斎場御嶽は、時代を越えて、日本の古代の信仰に通じる側面を持っている。

斎場御嶽のもっとも奥の部分は、「三庫理《サングーイ》」と呼ばれる。そこからは久高島を望むことができる。久高島は周囲約8キロメートルの小さな島だが、琉球王国の時代には、国王が聞得大君とともにこの島に渡り、礼拝を行っていた。

なぜ国王は、久高島に渡って礼拝を行ったのか。

それは、琉球の創世神であるアマミキヨが久高島に下り、そこから国造りをはじめたと伝えられるからである。アマミキヨは、農業神でもあり、五穀を琉球にもたらしたともされている。

## 神女の就任儀式イザイホー

こうしたことを反映し、久高島では、神女の組織が確立され、そうした神女たちによって、1年間に多くの祭が営まれていた。まさに久高島は「神の島」だったのである。

その神女になるための就任儀礼が、12年に一度の午年、旧暦の11月15日から6日間かけて行われる「イザイホー」である。この儀式には、島に住む30歳から41歳までの女性たちが参加し、神女になっていく。神女になることによって、彼女たちは、年中行事を担うようになるのである。

ただ、イザイホーは、1978年に行われた後、途絶えてしまった。1990年、2002年、2014年は午年で、本来ならイザイホーが行われるはずだったのだが、神女になる年齢の女性が島に一人もいなかったため、実施されなかった。その間に、すでに神女になっていた女性たちも高齢になって亡くなり、イザイホーを行えるような女性も島からはいなくなった。

おそらく、イザイホーがふたたび行われることはないだろう。かつて神女になることができるのは、生まれてから久高島を一度も出たことがない女性とされていた。周囲が8キロメートルしかない小さな島に生涯住み続けるというのは、現代では考えられないことである。時代の変化が、イザイホーの継続を困難なものにしたことは間違いない。

1978年の時点で、次の90年にはイザイホーを行うことは難しいと考えられていた。そこで、この特異な儀礼を記録に残しておく試みがさまざまになされた。その代表が、東京シネマ新社が制作した『沖縄 久高島のイザイホー』第1・2部というドキュメンタリー映画である。これは現在、「科学映像館」というインターネットのサイトで公開されており、いつでも視聴することができる。

このときは、NHKの沖縄放送局もドキュメンタリーを制作している。それは、『イザイホー――沖縄の神女たち』というもので、現在でも、各地で行われる上映会で上映されることがある。

また、その前、1966年のイザイホーを記録したものが、野村岳也『イザイホウ――神の島・久高島の祭祀』である。

映像以外にも、研究者などが記録したものが本や論文として公刊されており、今は途絶えてしまった儀礼がどのようなものであったのか、その概略を知ることはできる。ただ、女たちしか知らない秘密の部分があり、そこについてはまったく資料が残されていない。

私は、NHK沖縄放送局が制作した『イザイホー――沖縄の神女たち』を見たことがあるが、そのなかでとても印象的な事柄があった。

ドキュメンタリーでは、新たに神女になる一人の女性に焦点を当てていた。イザイホーに参加する前の段階で、彼女は、イザイホーにも、また神女たちが行う各種の儀礼に対しても、さほど強い関心を示していなかった。

ところが、イザイホーに参加した後では、その表情も変わり、神が実際にいることを確信し、自分は神女になったという強い自覚をもつようになったと語っていた。まさに彼女はイザイホーへの参加を通して通過儀礼を果たしたのだ。イザイホーには、人を変えるだけの力が備わっていたので

イザイホー・神女になるための通過儀礼
（比嘉康雄『日本人の魂の原郷　沖縄久高島』78頁、集英社新書、2000年）

ある。

## 男子禁制のフボー御嶽

イザイホーについて記録した本としては、写真家の比嘉康雄『日本人の魂の原郷　沖縄久高島』（集英社新書）がある。著者は、写真家で、２０００年5月13日に亡くなっている。享年は61だった。本の発行日は5月22日になっている。通常、一週間ほど前に見本という形で何冊かの本が完成するが、果たして著者は、その見本を見ることができたのだろうか。

この本が貴重なのは、著者が特別な使命を託されていたことにある。著者は、沖縄の各島の祭祀を見てまわっていたが、久高島については、１９７５年から85年まで通い、年間27回行われる祭祀については、多いもので七、八回は見ていたという。

それだけ足しげく通ったため、久高島の神女組織をリーダーとして率いる外間ノロの西銘シズという女性から、「あなたのように熱心にシマに通ってくる人はいなかった。久高島の祭祀は私たちの代で終わるかもしれないのでしっかり記録してほしい」と言われたという。

久高島には、「フボー御嶽」と呼ばれる場所がある。そこは、島第一の聖地とされ、重要な儀礼はそこで行われる。実は斎場御嶽もそうなのだが、そこには男性は足を踏み入れてはならないとされている。

ところが、あるとき、比嘉はシズから、「入っていいよ」と言われ、そこで行われる儀礼を観察し、その光景を写真に収めている。本には、そのときの写真も掲載されている。

私も、久高島には興味があったので、一度取材で訪れたことがある。そのとき、フボー御嶽まで行ってみたが、まったく使われていない様子で、入口のところには、男性女性を問わず、何人も入ってはならないという看板が立てられていた。それは2010年のことになるが、比嘉の写真がいかに貴重かは明らかである。

久高島は、外間と久高の二つの地域に分かれ、それぞれの神女組織のトップにノロがいた。すでに述べた外間ノロと、もう一人が久高ノロである。1976年のイザイホーにおいては、それぞれの地域から4名が参加し、神女となったのは合計8名であった。

イザイホーの核となる本祭りの部分には4日間が費やされる。ただ、準備は、その1カ月前からはじまっていて、神女となる女性たちは、島のなかにある7つの御嶽を訪れ、そこで神の名を授かる。7というのは、イザイホー全体で鍵になる数である。

## 実際のイザイホー

イザイホーが行われるのは、久高殿（ウドゥンミャー）と呼ばれる場所である。そこには、イラブー（海蛇）の燻製小屋（ハイカンヤー）、ハンアシャギ（神の宮）、シラタル宮の3つの建物がたっている。イザイホーのときには、ハイカンヤーとハンアシャギの間、その奥に「七ツ屋」という草葺きの小屋が建てられる。その背後には、イザイヤマと呼ばれる森がある。また、ハンアシャギの前には、七ツ橋が設けられる。

イザイホーの初日、その段階では「イザイニガヤー」と呼ばれる神女になる女性たちは、まず井戸で身を浄め、それぞれの祖母の霊が宿っているとされる香炉を受け継ぐ。そして、夕刻になると、自分たちが属するノロの家に集まってくるが、その際には、白色の胴衣、下袴姿になり、裸足で洗い髪である。これは、白紙の状態になることを意味し、日常の世界から分離されたことを示している。

ノロの家では、「ティルル」と呼ばれる神に捧げる歌がうたわれる。日が没すると、イザイニガヤーは、ノロなどに率いられて久高殿の斎場に駆け込んでくるが、その際には、手を叩きながら「エーファイ、エーファイ」と連呼する。映像で見ると、この独特のかけ声が強く印象に残る。

続いて、「七ツ橋渡り」が行われる。これは、イザイニガヤーが、「エーファイ」と発しながら七ツ橋を渡ることを七回くり返すものである。この場面を比嘉は、次のように描いている。

神の宮の暗い戸口からつぎつぎと飛び出してくる白装束の女性たちのなびく黒髪、ライトに照らし出された蒼白く神々しい顔。「エーファイ、エーファイ」の声はいよいよ甲高くなり、あたりを圧倒する。これはイザイニガヤーが他界に行くための橋渡りであるが、七回もくりかえすのは他界の遠さを表現している。

不倫をしていると、この七ツ橋渡りの際に橋から落ち、神女にはなれないと言われる。果たして、そんなことが起こるのかどうかは分からないが、その日の終わりには、ノロをはじめとする神女たちやイザイニガヤーは皆、他界とされる七ツ屋に入ってしまう。七ツ屋で何が行われるのか、見ることも聞くこともタブーとされているので、その内容は分からない。イザイニガヤーは、祖母の霊と一夜を過ごすとされる。

二日目には、「洗い髪たれ遊び（ハシララリアシビ）」が行われる。この儀式の中心は円舞で、儀式にかかわっている女性たちは、まずノロなどが中心の円を作り、次に、イザイニガヤーなどが中間の円を作る。そして、一番外側では、先輩の神女たちである「ハタ神」が円を作る。

このときに、イザイニガヤーは、依然として洗い髪である。それが、この二日目の儀式の呼び名にも反映されているが、まだ神女になりきっていないことを意味している。この日の夜には、七ツ屋に籠もっているイザイニガヤーたちだけのアシビが行われるが、これも秘密で、映像には残されていない。

三日目に行われることについて、比嘉はかなり詳しく説明を加えている。中心となるのは、「花さしあしび」と「朱つけあしび」である。それは、イザイニガヤーが、正式な神女、「ナンチュ」として認められる儀式である。

まず、花さしあしびでは、ナンチュとなった神女は、胴衣と下袴の上に神衣を着て、髪を結い、白いはちまきをしめる。その上で、イザイ花を頭に挿す。これで、ノロなどと格好は同じになる。洗い髪は自然な状態をあらわすが、髪を結い、衣服を改めることで、ナンチュはその状態を脱し、神女の仲間入りを果たしたことになる。通過儀礼において、衣服を改めるということは、「元服」にも見られるように、極めて重要な事柄である。

そして、朱つけが行われる。まずノロなど先輩の神女たちが、眉間と左右の頬の三ヶ所に朱を押しつけられる。そして、ナンチュも同じように朱をつけられる。その後、無事に朱つけが終わったことの喜びを、ティルルと円舞で表現する。最後に、水の神に感謝する円舞も行われる。それは、「ハーガミアシビ」と呼ばれる。

ナンチュたちは、先輩の神女たちと同じ服装に改め、同じように朱つけを果たしたわけで、通過儀礼としてのイザイホーの重要な部分はここで果たされたことになる。

神道の儀式では、その後に、「直会《なおらい》」と呼ばれる宴が開かれることになるが、イザイホーの最終日、四日目はこの直会に相当する部分である。

まず、久高島の東方の海の彼方にあるとされる「ニラーハラー」と呼ばれる他界を遙拝し、「アリクヤー」と呼ばれる綱引きが行われる。この綱引きは、神女たちと島の男性たちのあいだで行われる。これが終わると、神女たちは、アリクヤーのティルルを歌うが、比嘉は、「男たちのかけ声が入るため、これまでの神歌のような厳粛さはない」と述べている。

その後、「家まわり（アサンマーイ）」と「桶まわり（ダウキマーイ）」が行われる。

沖縄では、兄と妹の関係が重視されるが、家まわりでは、ナンチュはノロなどに伴われて実家へ行き、そこで兄と盃事をする。兄は妹を守る役割があり、それがここで再確認されるのだ。

桶まわりでは、イザイホーの最中に仕込まれた酒が振る舞われ、扇を使っての円舞が行われる。最後に、神女たちは礼拝を行い、それでイザイホーの儀礼全体が終わる。

その後は、酒が自由に振る舞われ、そこに参加した人々は、舞い続ける。イザイホーが無事に終了したことを祝うためである。比嘉は、「私は、神女たちの終了の礼拝が終わったとき、これまでの緊張がすっと体から抜けて、へたへたと座り込んでしまった。ともかく、これほどまでに厳粛で、あでやかで、しかも世界観を見事に凝縮して表現した祭祀は、私にとってはじめてであった」と記している。

## イザイホーと大嘗祭の共通性

イザイホーは、久高島の人々が島をあげて営む一大行事であり、その素朴なスタイルが現代にまで受け継がれてきたことは驚嘆すべき事柄である。

日本本土の祭祀では、僧侶なり神主といった聖職者がその中心を担うことになるが、イザイホーに参加した人々は、普段は俗人として生活しており、専門の宗教家というわけではない。地域共同体において、神主役が持ち回りになっているようなところもあるが、多くの島の人間が祭祀にかかわるという点で、久高島のあり方はかなり特殊なものであった。

イザイホーが注目されるのは、古代の雰囲気をたたえているというだけではなく、それを通して、参加者が変容していくという、まさに通過儀礼の性格を強く示しているからである。

服装の変化は、外から見ても分かりやすいが、NHKのドキュメンタリーに登場した神女の一人が語っていたように、内面でも大きな変化が起こっていた可能性が高い。それまで、神の世界、祭祀のことにさほど関心をもっていなかった人間でも、特異な儀礼に参加することで、神の実在を感じ、神女としての自覚をもつようになっていくのである。

その自覚がなければ、一年のあいだに数多く訪れる行事をこなしていくことはできないだろう。その自覚を生むために、イザイホーは営まれてきたのである。

イザイホーの儀礼について、その内容を詳しく見ていくなかで思い起こされるのが、天皇の即位儀礼である「大嘗祭」のことである。大嘗祭は、国家の中心にある天皇にかかわることだけに、国家行事であるわけだが、その原形は、稲の収穫を神に感謝する「新嘗祭」である。実際、新たな天皇が即位して最初の新嘗祭が大嘗祭として営まれることになる。

イザイホーと大嘗祭の共通性は、まず、二分法が見られるところに求められる。イザイホーでは、神女の組織は、外間と久高の二つに分かれていた。大嘗祭では、大嘗祭を営むために大嘗宮が建てられるが、それは同形の悠紀殿と主基殿の二つに分かれている。そして、祭に供する稲を栽培する国も、悠紀国と主基国の二つに分かれている。

大嘗祭の本来のやり方では、栽培した稲は神饌として捧げられるだけではなく、酒が作られ、それも神に捧げられる。イザイホーでも、祭祀が続く間に酒が作られ、それが最後に振る舞われる。酒はそれを振る舞われた人々に酔いをもたらし、それを供された人々は日常とは異なる意識状態に入っていく。宗教の起源について研究を行ったフランス人の社会学者、人類学者であるエミール・デュルケムは、「集合的沸騰」という概念を提唱し、祭の熱狂的な状況のなかで、人々は神の実在を感じ、そこにこそ宗教の起源が求められるという議論を行った。

その点で、祭祀のなかでは酒が重要な役割を果たすことになるのだが、イザイホーの場合には、くりかえし歌われるティルルや、「エーファイ、エーファイ」のかけ声が、その参加者、さらにはそれを見守る人々をも、日常とは異なる非日常の世界に誘っていく。一度、それを映像で体験してみるならば、その声は耳に残り、忘れられないものになっていくであろう。

今、久高島に行ってみると、その島がいかに小さいかが実感される。とてもその小さな世界のなかで、イザイホーのような儀式が営まれていたとは、想像することが難しい。

久高島の人口は、最後のイザイホーが行われた1978年の3年前、75年には400人だったが、イザイホーの翌々年80年には340人と大きく減少していた。それが、2018年には217人にまで減っている。

久高島には、沖縄本島の安座真から一日6便フェリーが出ており、所要時間は25分である。しかし、久高島において現代の便利な生活を享受することは難しい。高齢化が進み、人口の減少が続くのも、やむを得ないことだろう。

さらに言えば、ノロの制度などが琉球王国のものであるとするなら、王国が滅んでしまったことは、久高島における祭祀の存続にも根本的な影響を与えることになったものと思われる。

# 第6章

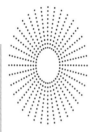

## 僧侶になる

――禅宗の雲水たち――

## 僧侶になるということ

仏教の僧侶のことは、親しみを込めて「お坊さん」と呼ばれる。

都会で生活をしていると、普段、お坊さんとかかわることは少ない。だが、地方に行くと、お坊さんとのかかわりは深い。大阪でも、「月参り」といった風習があり、月々の命日にお坊さんが家までやってきて、読経してくれる。

お坊さんは、たんに仏教の儀式を営むというだけではなく、地域の人たちの相談役になっていたりもする。

では、現在、お坊さんはどのくらいの数、存在しているのだろうか。

そう問われても、多くの人は答えに困るだろう。

宗教団体やその信者、そして、宗教家の数については、文化庁が毎年刊行している『宗教年鑑』に掲載されている。その平成29年版をみると、お坊さんの数は、全国で34万5934人と出ている。約35万人である。これは、正社員とパートを含めた百貨店の就業者の数に近い。

ちなみに、神社の神主の場合には7万6358人で、キリスト教の神父や牧師は3万5886人である。

ではさらに、お坊さんになるには、いったいどうしたらいいのだろうか。こちらの問いになると、答えるのはもっと難しい。

日本の宗教団体は、現在、ほとんどが宗教法人の形態をとっている。宗教法人にならなくても、宗教活動はできる。だが、宗教法人に「認証」されると、宗教活動からの収入については課税されないし、境内地なども固定資産税がかからないので、多くは宗教法人になっている。

なお、認証と、学校法人などの「認可」とは違う。認可の場合には細かく条件が定められているのに対して、認証の場合には、一定の条件を満たしていれば、原則認められる。宗教法人について、認証と認可が混同されていることが多いが、かなり性格は違う。宗教法人として認証されたからといって、国からお墨付きをもらったというわけではないのである。

## お坊さんになる――浄土真宗には修行がない

宗教法人は民間の団体で、国の機関というわけではない。したがって、お坊さんになるのに国家による試験を受けるという必要はない。お坊さんとしての資格を与えることは、個々の宗派に任されている。

昔は、お坊さんになるには、どこかのお寺に修行に入るのが一般的なやり方だった。お寺に住み込んで、働きながら、教えを学び、儀式のやり方を身につけていった。その分、師匠と弟子との関係は密接で、お寺を継ぐのも、基本的に弟子だった。今は、世襲というケースが多くなっているが、それは戦後になって増えた形である。

なお、世襲するときにも、お坊さんになりたての段階では、そのお寺と関係が深い別のお寺に修行に行くことも少なくない。それによって、指導してくれるお坊さんとの間に師弟関係が生まれるし、兄弟弟子との関係も生まれる。こうした関係は「法縁」と呼ばれる。

現在では基本的に、お坊さんになることを希望する人間は、それぞれの宗派が経営している大学などで学ぶ。そもそも学校のなかには、宗教団体が母体になっているところが少なくない。仏教系の大学のなかには、宗派の僧侶養成のための学校から発展したものがある。一例をあげれば、京都にある真宗大谷派（東本願寺）の大谷大学は、江戸時代に開創された東本願寺の学寮が元になっている。

ただ、大学では、仏教の歴史や宗派の教え、経典の読み方などを学ぶことができるものの、それはあくまで授業であり、実践を伴うものではない。したがって、どの宗派でも、大学を出ただけでは不十分で、本山や規模の大きなお寺で修行を行う必要がある。

たとえば、滋賀県にある比叡山延暦寺は、天台宗の総本山である。比叡山は、東塔《とうどう》、西塔《さいとう》、横川《よかわ》という三つの地域に分かれているが、その横川に「行院」がある。この行院が、天台宗におけるお坊さんの養成機関の役割を果たしている。

私が大学院で宗教学を学んでいるとき、後輩に、この行院で修行を経験した人間がいた。私は興味を引かれたので、その人間にインタビューし、論文にまとめたこともあった。

行院では、顕教の修行である「前行」と密教の修行である「四度加行」を学ぶ。私は一度、比叡山を訪れて、行院の前まで行ったことがあるが、建物のなかからは、集団でお経を唱える声が聞こえてきた。見習いのお坊さんたちの修行が続いていたのだ。

行院でどういった修行が行われるかについては、瀬戸内寂聴氏の小説『比叡』に描かれている。瀬戸内氏は人気作家だったが、1973年に出家得度して、天台宗のお坊さんになった。

次の章では、この比叡山に伝わる「千日回峰行」について述べていくことになるが、『比叡』のなかには、修行が続くなかで一日、千日回峰行の行者と同じ道をたどる場面が出てくる。30キロの距離を歩き、途中にある礼拝のための場で読経したり祈りを捧げていくのだ。四度加行は密教の修行で、護摩を焚くといった行も含まれている。これは、かなり暑くなるらしい。

2カ月という修行期間は、必ずしも長いものではない。だが、私の宗教学の後輩は、修行が終わって街に下りたとき、書店に入ると、普段は感じることがない紙の香りがしてきたと語っていた。俗界を離れているあいだに、感覚が鋭くなっていたのだ。

もちろん、行院を終えれば、修行をすべてやり終えたというわけではない。比叡山を開いた最澄は、延暦寺のお坊さんになる人間に対しては、12年間にわたって山を下りない「籠山行《ろうざんぎょう》」を課した。現在でも、延暦寺のお坊さんになるには、3年間の籠山行が求められる。ほかにも、比叡山には、千日回峰行もそうだが、さまざまな厳しい修行が伝わっている。

仏教の宗派のなかで、こうした修行がないのは浄土真宗だけである。浄土真宗では、開祖である親鸞が、僧侶でもなければ俗人でもない「非僧非俗」の道を歩んだため、お坊さんと一般の信者、これを「門徒」と呼ぶが、そのあいだの距離は極めて近い。したがって、浄土真宗のお坊さんになるための特別な修行は存在しない。

## 永平寺の修行

浄土真宗以外の宗派では、お坊さんになるには必ず、一定期間修行を実践しなければならない。そのなかでも、もっともよく知られているのが、曹洞宗の総本山である永平寺での修行だろう。

曹洞宗は禅宗の一つである。日本の禅宗としては、曹洞宗のほかに臨済宗や黄檗宗がある。どれも中国に源流があり、修行の方法や僧堂での生活の作法は中国から学んだものである。

曹洞宗の宗祖は道元である。道元は、臨済宗（もしくは臨済宗建仁寺派）を開いた栄西の弟子であった明全に師事し、ともに南宋に渡るが、明全の方は亡くなってしまった。そこで道元は、中国人の禅僧、如浄について禅を学ぶことになる。道元は、如浄から禅の悟りに達したことを証明する印可を授かっているが、如浄という禅僧は相当に厳しかった。

道元の弟子の懐奘がまとめた道元の言行録に『正法眼蔵随聞記』があり、そこに如浄の話も出てくる。如浄は、坐禅の最中に眠り込んでしまった弟子を草履でひっぱたいたり、耳もとで鐘を鳴らしたりといったことをやった。いずれも弟子を禅の修行に専念させるためだが、この如浄のもとで学んだことで、道元の建てた永平寺では、相当に厳しい修行が実践されるようになった。

曹洞宗のお坊さんになろうとする人間は、永平寺で最低一年間にわたって修行をしなければならない。永平寺以外にも修行ができるお寺はあるが、宗祖ゆかりのお寺ということで、永平寺を修行の場に選ぶ場合が少なくない。なお一年を越えて永平寺で修行を続ける人間もいる。

この永平寺での修行を映像として紹介したのが、ＮＨＫの制作した『永平寺』というドキュメン

**永平寺・厳しい禅の修行（外堂での坐禅）**
（大本山永平寺ほか監修『新永平寺事典』口絵４頁、四季社、2002年）

タリー番組である。これは、1977年3月3日に放送され、テレビ・ドキュメンタリーの賞である「イタリア賞」を受賞した。現在では、DVDとして販売されている。

禅の修行僧のことは「雲水」と呼ばれるが、雲水たちは修行が続く間、基本的にことばを発することはない。禅の指導者である「老師」と、教えをめぐって問答をするときには、ことばを発することになるものの、坐禅に打ち込んでいるときも、食事中も、基本的にことばを発しない。次に何が行われるのかは、すべて鈴や鐘、太鼓などの合図で指示される。したがって、雲水の修行は静寂のなかで進められる。

『永平寺』の番組の撮影は真冬に行われ、永平寺は大量に降った雪に包まれていた。空気の冷たさが画面からも伝わってくる。そのなかで、雲水たちは粛々と修行を続けていく。ときおり、雲水や老師たちへのインタビューが挿入される。とくに本堂で老師や雲水たちが読経している光景は、見る者を粛然とさせる威厳を備えており、印象深い。

ただ、この貴重なドキュメンタリーがどのように制作されたのか、その点に疑問を感じるところがないわけではない。

雲水たちへのインタビューで、質問者となった番組のディレクターは、冬の冷たさがもっとも厳しいものと決めつけてしまっているようなところがあり、十分な答えを引き出せていない。果たして、修行の全貌を理解した上で撮影を行ったのだろうか。私はその点に疑問を持っている。

インタビューのなかで、雲水の一人が、一番厳しいのは旦過寮《たんがりょう》だと語っていたにもかかわらず、その旦過寮について、番組ではまったく扱われていないのだ。

## 何が厳しいのか

旦過寮とは、禅寺で雲水として修行をはじめる人間が、はじめに生活をする場のことで、この旦過寮に入ること自体、かなり過酷な修行となっている。

この旦過寮については、細川晋輔氏が、『人生に信念はいらない——考える禅入門』（新潮新書）という本に書いている。

細川氏は、臨済宗妙心寺派のお坊さんで、曹洞宗ではない。けれども、この旦過寮の部分は、臨済宗でも曹洞宗でも共通している。細川氏は、臨済宗妙心寺派の本山である京都の妙心寺にある修行道場で9年にわたって修行生活を送った。現在は世田谷区のお寺で住職をしている。

修行道場は「僧堂」と呼ばれるが、そこへ入門する雲水は、玄関に手と頭をつけて、「たのみましょー」と大きな声を掛ける。

だが、答えは返ってこない。

何度も、「たのみましょー」と声を掛ける。それでも答えはない。相当に時間が経ってから、「ドーレー」という声がして、僧堂の雲水があらわれる。

入門する側は、所属と名前を名乗り、「貴道場に掛塔（入門）いたしたく、お取次のほどよろしくお願いいたします」と口上を述べる。

すると、雲水が入れ替わり、新しい雲水からは、「当道場はただいま満衆でございます。北に大徳寺、東に東福寺、西には天龍寺と幸い京都には他にも道場がございます。どうぞお引き取りください」と言い渡される。

もちろん、これは最初から予想されたことで、入門しようとする人間は、そのことばを真に受けて他の道場に行ってはならない。入門者は試されているのだ。

道場の玄関には階段のような段差があり、入門しようとする者は、そこに手と頭をつけて、土下座したような姿勢をとったまま、待ち続けなければならない。これは、「庭詰め」と呼ばれる。

禅を海外に紹介したことで知られる鈴木大拙の著作に『禅堂生活』（岩波文庫）があり、そのなかには、「僧堂入衆を請う」という絵が掲載されており、かなり窮屈な姿勢であることが分かる。

それでも、数時間そのままの姿勢で待たなければならない。

そこでようやく、「ご案内」ということがはじまる。雲水から突然、「おい！　目障りだ！」と怒鳴られ、首根っこをつかまれて、からだを起こされるのだ。

それで取っ組み合いになるが、無理な姿勢を続けていたため、先輩の雲水に負け、門の外へ引きずり出されてしまう。すると、「しばし山内（妙心寺の境内）をまわって、入門の決意がまだあるようならば、もう一度玄関で声を掛けなさい」と言い渡される。

それにしたがって広い山内を歩き、気力を取り戻し、ふたたび「たのみましょー」と玄関で声を掛ける。細川氏が、僧堂に入ることを許されたのは、はじめて僧堂の前に立ってから10時間が経った夕方の4時くらいだったという。

上げてもらった部屋が旦過寮である。そこでは、ひたすら坐禅をして、次の指示を待つ。すると、辺りが真っ暗になったころ、提灯の明かりが突然目の前にあらわれ、帳面と硯に筆、そして蕎麦まんじゅうが差し出される。帳面は「投宿帳」で、ここに宿泊した人間たちの名前が記されている。

これで長い一日が終わり、眠ることを許される。

朝になると、本堂での読経に参加し、朝食として粥を振る舞われる。

だがそこで、「ご出立を」と声を掛けられる。投宿を許されたのはたった一日で、入門しようとする者は、もう一度同じことをくり返さなければならない。庭詰めは2日間続くわけで、さらにその後は、旦過寮で一日中坐禅をする「旦過詰め」を丸3日間続ける。

全部で5日間、まじめに取り組むことで、はじめて入門が許される。本格的な修行がはじまるのは、それからである。

## 公案という通過儀礼

禅の修行はたしかに厳しい。

起床は午前3時、あるいは4時で、ときには1時に起きなければならないこともある。妙心寺の修行道場では、柄杓一杯の井戸水で、顔をあらって、口をそそがなければならない。

雲水に与えられる空間は畳一畳分で、そこで坐禅もするし、寝ることになる。

毎日、坐禅と「お勤め」と呼ばれる読経、それに老師との禅問答がくり返される。托鉢にも出るし、農作業もある。

ところが、食事は質素で、朝は粥、昼食は麦飯に味噌汁と漬物である。「薬石」と呼ばれる夕食は、昼食の残り物で、残っていなければ、食べることができない。

当然、これだけでは栄養が不足しており、脚気になる雲水が続出する。『人生に信念はいらない』ではふれられていないが、NHKの『永平寺』の番組では、雲水たちは、誰もが脚気になったと語っていた。

脚気は、ビタミンB1が不足することで起こるもので、江戸や明治の時代に、白米が流行り、十分に副食をとらなかったため、脚気が流行した。精米すると、ビタミンB1が失われてしまうのだ。

妙心寺の場合、薬石の後は、就寝まで坐禅が続く。曹洞宗と臨済宗の違いは、曹洞宗では、ひたすら坐禅に打ち込むことが重視されるのに対して、臨済宗では、「公案」による禅問答が行われるところにある。

公案の代表は、「隻手音声《せきしゅおんじょう》」と言われるもので、「両掌《りょうしょう》（両手）を拍てば音声があるが、隻手（片方の手）には何の音声があるか」と問われる。合理的に考えれば、この公案に答えなど出ないのだが、雲水はそれでも考え続けなければならない。『人生に信念はいらない』には、この公案に対する著者なりの解釈が述べられている。

ただ、公案があるからといって、臨済宗で坐禅が軽視されているわけではない。

夜の坐禅は午後9時に終わり、いったんそこで就寝の時間になる。実際、雲水は衣を脱いで、布団に入る。

ところが、寝ているのは数分で、すぐに「夜坐」という夜の坐禅がはじまる。これは、自主的なものとはされているが、先輩の雲水たちがみな参加するので、入門したばかりの「新到」もさぼるわけにはいかない。

しかも、そのときには、先輩から先に禅堂に戻って寝ることがルールになっているため、新到が一番最後に残される。そのため、就寝時間が12時をまわることもあり、睡眠時間が3時間に削られたりするのだ。

これだけ修行では大変な日々が続くことになる。ならば、最初の庭詰めや旦過詰めは、必ずしも必要ではないようにも思える。

ところがそうではない。むしろ逆だ。

細川氏は、入門するときに相当に厳しい関門が用意されることで、後になって修行が続く間に、「あの時よりはましだ」「まだ我慢できる」という感情が出てくることもあるだろうし、僧堂から逃げ出そうとするときにも、そこへ戻るには、また同じ庭詰めをしなければならないと考えてしまうだろうとしている。「あの五日間をもう一度繰り返さなければならないくらいなら、我慢してこのまま修行しようと思う」というわけだ。

禅寺での修行は、お坊さんになるための通過儀礼にほかならない。それを経ることによって正式な僧侶として認められる。逆に、厳しい修行に耐えられなければ、一人前の僧侶とは認められない。

その際、雲水が修行の厳しさに耐えられるよう、最初にもっとも厳しい関門が用意されている。庭詰めと旦過詰めを経験することで、新到は、修行をまっとうする覚悟を決める。もしそういう機会が用意されていなかったとしたら、途中で挫折してしまう人間はもっと増えるだろう。

## 出家という通過儀礼

仏教の僧侶は出家を前提とする。仏教の開祖となった釈迦は、王族の家に生まれながら、人生における苦の問題に直面し、王子の地位や家族を捨て、出家してしまった。それが、釈迦の悟りの体験に結びつく。

それにならい、仏教の僧侶は、出家を前提とすることとなった。世俗の生活を捨てる経験を経ていなければ僧侶にはなれないというわけだ。その意味では、出家という行為自体が通過儀礼の役割を果たしている。

ところが、日本のお坊さんの場合、明治以降に法的に妻帯が許されたこともあり、多くが家庭を持っている。なかには生涯独身を守る「清僧」と呼ばれるお坊さんたちもいるが、最近では、お寺を世襲する傾向が強まった。結婚していないとお坊さんの役割を果たせなくなっている面もある。住職の妻は「大黒さん」と呼ばれ、お寺をきりもりする上で欠かせない役割を果たしている。

そうである以上、お坊さんの暮らしは、一般の人たち、お寺の檀家の人たちと変わらないものになってしまう。出家なら、家の問題、家族の問題で悩み苦しむこともないが、日本のお坊さんは、一般の人たちと同様に、そうした悩みを抱えている。

そうであれば、お坊さんとしての自覚をどこに求めるのかが問題になってくる。その点では、修行の体験は極めて重要で、自分が修行という通過儀礼を経てきていることが大きくものを言う。もし修行がなかったとしたら、自覚の根拠になるものを見出すことが難しいだろう。

浄土真宗の場合には、そうした修行の機会がない。ただ、門徒の人たちは、浄土真宗の信仰を持っているという自覚が強く、お坊さんにも議論を吹っかけてきたりする。あるいは門徒から出される問いの数々に答えることが、浄土真宗のお坊さんたちにとっては通過儀礼になっているのかもしれないのである。

# 第7章

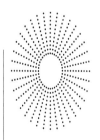

## 大阿闍梨になる

――比叡山の千日回峰行――

## 修行＝僧侶になるための通過儀礼

それぞれの宗派が用意している修行の機会は、僧侶になるための通過儀礼にほかならない。修行をやり遂げれば、僧侶への道が開かれる。しかし、それをやり遂げなければ、その道は閉ざされる。

修行の厳しさに音を上げ、途中でそれを放り出して、逃げ出してしまう人間もいる。逃げ出したままであれば、生涯僧侶になることはできない。どうしても僧侶にならなければならないのであれば、ふたたび修行の場に戻るしかない。

僧侶になるための修行がそれだけ厳しいものであったとしても、それは用意されたものであり、プログラムは予め定められている。すでに修行を終えた先輩もいて、そうした先輩から、修行の場でどういったことが行われるのか、その内容を聞くこともできる。

ただ、先輩の方は、予め内容が分かってしまっては、真剣に修行に取り組むことができず、かえってそれが途中で修行を投げ出すことにも結びつきかねないと考え、詳しいことは語ってくれないかもしれない。事前に話を聞いていたとしても、実際に体験してみなければ、本当のところは分からない。

それでも、一定の期間修行をやり遂げれば、それで僧侶への通過儀礼を果たしたことになる。その後の日々も修行ということになるかもしれないが、一応は穏やかな日常が戻ってくる。

## 同夏の突然の死

けれども、なかには、定められた修行期間を終えても修行を続ける人間たちがいる。それは、とくに禅宗の場合に多い。私が一度対談をしたことがある曹洞宗の南直哉氏の場合には、永平寺で19年間に渡って修行を続けた。さらには、生涯永平寺にとどまり、修行を続けることもできる。

前の章で紹介した、『人生に信念はいらない』の著者、細川晋輔氏の場合には、お寺の出身で、妙心寺の修行道場で修行をすることは、前もって定められたことだった。将来お寺を継いで住職になるには、どうしても必要な通過儀礼であった。

しかし、細川氏の場合、定められた3年間で修行を辞めることはなかった。そこで終えてもよかったはずだが、修行期間は結局9年間に及んだ。3年という最低限の期間からすれば、大幅にそれを超過したことになる。

なぜ、細川氏はその道を選んだのだろうか。本のなかでは、次のように、その経緯について述べられている。

細川氏と同じ時に道場に入門した雲水は、氏を含めて6人いた。僧堂では、修行の期間を、「夏《げ》」という形でとらえるので、同期のことは「同夏《どうげ》」と呼ばれる。

同夏のなかで、5人は細川氏と同様にお寺の出身だった。ただし、残りの1人は、お寺に生まれたわけではなく、在家の出身だった。仏教の世界には、この在家出身の人間が意外に多い。

在家出身の場合には、お寺を継ぐということが目的にはなっていない。そもそも継ぐべき寺はないからだ。

細川氏は、その在家出身の人間をAと呼んでいるが、Aは、大学を卒業した後、一般の企業につとめていたものの、そこを辞め、四国のお遍路を二周歩いている途中に出家を決意したという。Aにとっては、僧侶としての資格を得ることではなく、禅の悟りを得ることが目的だった。

その分、Aは真剣だった。他の5人はお寺で育っているので、お経に慣れ親しんでいたが、Aにはそれがない。そこで、深夜まで猛練習をしていた。さらに、「除策」と呼ばれる休日には、坐禅が免除されるのだが、Aはいつもと同じように坐禅を続けていた。

修行が続いている最中の2004年、新潟中越地震が起こった。Aは新潟出身なので、それに動揺した。幸い、家族の無事は確認できた。細川氏は、Aに帰郷を勧めたが、Aは頑なに僧堂に残ることにこだわり、地震の後は、それまで以上に修行に熱心に励んでいるように見えた。

ところが、それから半年が経った頃、Aは突然亡くなってしまった。本のなかで、病気や事故とは書かれていないので、おそらくは自ら命を絶ったのだろう。

このことは、同夏ばかりでなく、僧堂全体に影響を与え、動揺が走った。細川氏も坐禅に集中することができなくなったという。

## 9年間に渡る修行の果てに

その状況を踏まえ、僧堂の最高責任者であった老大師は、普段通り修行することを厳命した。もちろん、そう簡単にその指示に従うことはできなかったが、修行中の雲水としては、いつも通りに修行を続けるしかない。細川氏は、「悲しんでいるだけ、悔しがっているだけでは何も進まないということは、誰もがわかっていました」と述べている。そして、この同夏の死を「現成公案《げんじょうこうあん》」としてとらえた。

公案のことについては、前の章でふれた。これはいわゆる禅問答で、合理的に考えても答えが出ない問いを考えていくもので、それが、曹洞宗とは異なる臨済宗の特徴になっている。現成公案とは、眼前に突きつけられた公案の問題のことを言う。Aの死をどうとらえるか。それが、まさに現成公案として細川氏に迫ってきたのである。

細川氏は、「このことが私に大きな影響を与えました」と言い、それは、東京のお寺へ戻るのではなく、僧堂で修行を続ける決心に結びついたという。「目の前にあらわれた現成公案に対して、自分なりに答えを出したい」と思うようになったからだ。具体的には、およそ1千問ある公案をすべてクリアすることを課題とすることにした。

これによって、「やらされている修行」から、「やらなければならない修行」へと大きく転換することになる。細川氏の本格的な通過儀礼は、ここからはじまると言っていいだろう。これが、9年間に渡る修行に結びついたのである。

では、その9年間に渡る修行によって、細川氏は何を得たのだろうか。

細川氏が修行を続ける決心をしたときには、修行をすれば自分に突きつけられた現成公案を解決できるし、修行の先には「言葉にできないくらい素晴らしい景色があるはずだ」と夢見たらしい。

しかし、実際に修行を果たして、「何も得るものがなかった」というのが正直な表現だとし、あえて言えば、「当たり前のことに気づいた」とする。

9年間僧堂で過ごして、偉くなったわけでもないし、超能力が身についたわけではない。素晴らしい景色が現前に開かれるはずであったのに、そこにあったのは、「何ら今までとは変わらない、日常の風景」だった。

細川氏は、9年間に渡る修行を終えての思いを、他にもいろいろな形でつづっているが、おそらく重要なことは、そこで後悔したとはされていないことだろう。

9年間に渡って厳しい修行を続けながら、何も得られなかったということであれば、普通なら、9年間を無駄にしたと後悔するはずである。

ところが、細川氏には、その後悔がない。もし後悔していたとしたら、無駄な9年間を嘆くであろう。あるいは修行が十分ではないと感じていたとしたら、さらに修行を続ける道を選んだであろう。

そうではなく、9年間が一つの大きな区切りになったということは、十分に達成されたものがあるということである。少なくとも、3年間の定められた修行期間を終えて、お寺に戻り、そこで僧侶としての生活をしていたのとは違うものを得たに違いない。

9年という歳月は長い。しかも、細川氏が修行したのは20代から30代にかけての時代で、普通ならいろいろなことをしたいと考える年齢だ。遊びたいとも思うだろう。

けれども、もしこの9年間という月日がなかったとしたら、細川氏の人生は大きく変わっていたはずだ。とくに後の6年間は、前の3年間とはまるで違う意味を持った。

通過儀礼の図式で考えてみるならば、3年間で修行を終えていたときには、出家が分離にあたり、3年間の僧堂の生活が過渡となり、お寺へ戻ることが統合となる。

細川氏の9年間は、過渡の期間が9年に伸びたというだけではなく、図式自体がかなり違うものになったように思われる。

定められた3年間の修行期間が分離で、意識が変わって修行に取り組んだ6年間が過渡となり、その上で、元のお寺へと統合された。分離するまでに多くの時間を要したわけで、それによって、本人は大きな成果を得たことになる。

## 千日回峰行

前の章で、比叡山の行院における修行についてふれた。これは、天台宗の僧侶になるために受けなければならない修行だが、その期間は2カ月と、臨済宗の場合に比べればかなり短い。

しかし、比叡山にはさまざまな修行の機会が用意されている。これも前の章でふれたが、比叡山の僧侶になるための推薦を得るには、3年間に渡って山を降りずに修行を続ける「三年籠山行」が課される。これだと、臨済宗の場合と期間は同じになる。

三年籠山行は、比叡山を開いた最澄が定めた十二年籠山行に比べれば、期間は4分の1と短い。けれども、そのなかには、かなり厳しい修行も含まれている。その代表が、「常坐三昧《じょうざざんまい》」と「百日回峰行」である。

比叡山では、「四種三昧《ししゅ》」ということで、4種類の三昧行が用意されている。常坐三昧もそこに含まれるが、ほかに常 行《じょうぎょう》三昧、半行半坐三昧、非行非坐三昧がある。

常坐三昧では、90日間に渡ってお堂に籠もり、不眠不臥で坐禅に没頭し、一日二度の食事と用便以外はもっぱら坐り続ける。これは相当に過酷だ。

百日回峰行の方は、比叡の山の峰々を100日間に渡って1日30キロ巡拝して回るものである。

実は、比叡山には、今でも十二年籠山行が残されている。それは、最澄の墓所となった浄土院で行われるもので、今でも生きているとされる最澄に一日三度食事を給仕するとともに、浄土院のなかを「落ち葉一枚、雑草一本」残さないよう掃除する。そのために、この修行は「掃除地獄」と称される。

この修行は、江戸時代に定められたもので、これまでに117人が挑戦している。そのうち、満行できずに亡くなった者が26人いる。病気になっても、山を降りることができないので、そうした結果になったのだろう。

だが、この修行、掃除だけが大変なのではない。修行に入る前に、「好相行《こうそうぎょう》」というものが用意されている。禅寺の修行の前段階にある庭詰めや旦過詰めに当たるものとも言えるが、厳しさは格段に違う。それは、最澄の真影（実物の姿）を見るまで、ひたすら礼拝をくり返すものである。いったいいつ真影を見ることができるのか、それは分からない。分からないまま、ひたすら礼拝をくり返さなければならない。礼拝は、五体投地を一日に三千回行うもので、その間は、眠ることも、横になることもできない。ある僧侶は、この好相行に６００日の歳月を費やしたという。足掛け3年である。

厳しさで、この十二年籠山行と双璧をなすのが、こちらはよく知られている「千日回峰行」である。千日回峰行は、平安時代に相応和尚《そうおうかしょう》という僧侶がはじめたとされる。

千日回峰行とは言っても、千日間続けて回峰行をするわけではない。全体で7年がかかり、1年目から3年目までは百日間回峰行をくり返す。一日に歩く距離はおよそ30キロで、それを6時間で行う。比叡山の山のなかが中心で、行者は山中を駆け抜けていく。

4年目と5年目は、それを２００日ずつ行う。巡拝するところは、約２６０カ所に及ぶ。途中で行ができなくなったら死ぬことが定めで、そのため行者は、つねに首をくくるための死出紐《しでひも》、短剣、そして埋葬料の10万円を携帯している。

4、5年目の方が距離が長くなるのは、からだを慣らしていくためで、実際、千日回峰行に挑んだ行者の手記を読んでみると、スポーツ選手のように肉体を鍛えていくさまが見えてくる。

5年目が終わり、７００日の回峰行を終えた時点で、「堂入り」と呼ばれる過酷な行が待ち受けている。

この堂入りを行うとき、まず行者は生き葬式を行う。堂入りに挑むということは、死を覚悟することだからだ。

堂入りは、9日間かけて行われる。正味は7日半で、その間は、断食・断水・断眠・断臥の「四無行」を実践する。食べることも、水を飲むことも、眠ることも、横になることもせず、行者はひたすら10万回にわたって不動明王の真言を唱え続ける。真言は、「ノウマク サンマンダ バザラダン カン」というものだ。

そのあいだは、堂内に坐り続けているわけだが、一日に一回、午前2時にお堂を出て、近くにある閼伽井《あかい》で閼伽水を汲み、それを不動明王に捧げなければならない。

お堂の外には、行者の信奉者がつめかけており、このときだけは、その姿を拝むことができる。最初は元気でお堂から出てくるが、日が進むにつれて、そのからだは衰弱し、歩みも極端に遅くなる。最後の段階になると、行者の瞳孔は開きっぱなしになり、死臭さえ漂ってくるとも言われる。

## 法華経への篤い信仰

相応和尚という人は、なぜこれだけ過酷な行を思いついたのだろうか。そこには、『法華経』の信仰が深くかかわっていた。

比叡山は天台宗の総本山であり、天台宗でもっとも重視される経典が『法華経』である。『法華経』は、それを信奉する人々からは「諸経の王」とも呼ばれ、最重要のものとされてきた。天台宗の教えは、「天台教学」とも呼ばれるが、その中心に『法華経』への篤い信仰が位置づけられている。

その『法華経』に常不軽菩薩《じょうふきょうぼさつ》が登場する。この菩薩は、『法華経』にだけ出てくるもので、出会った人々がどういう人であろうと、「私は、あなたがたを軽んじません。あなたがたは、軽んじられることはありません」と告げたとされている。常不軽の名は、ここに由来する。

詩人で童話作家だった宮沢賢治は、生涯にわたって『法華経』に傾倒し、『法華経』の教えを広めるための運動体だった国柱会に属していたが、代表作の「雨ニモマケズ」に登場する「デクノボー」は、この常不軽菩薩がモデルになっている。

相応和尚は、常不軽菩薩の実践から、いかなるものにも仏を見出して礼拝する回峰行を思いついたとされる。

堂入りを無事に果たすと、行者は「大阿闍梨」と認められ、生き仏として信仰の対象になっていく。

ただ、千日回峰行は堂入りで終わりではない。6年目には赤沢禅院までの往復が加わり、行程はおよそ60キロになる。これを100日続ける。

最後の7年目は全部で200日になり、前半の100日は京都市内まで範囲が広がり、行程はおよそ84キロになる。マラソンの倍の距離である。そして、後半の100日は比叡山を30キロ歩く最初のやり方に戻る。クールダウンしているような感じである。

では、この千日回峰行をやり遂げることで、行者はどう変わるのだろうか。それは、どういった通過儀礼になっているのだろうか。

千日回峰行を二度行ったのが、すでに故人になっている酒井雄哉氏である。1000年にわたる千日回峰行の歴史のなかで、二度満行しているのは、酒井氏を含めて3人しかいない。

酒井氏は、修行を終えての感想を次のように記している。

「『二度の千日回峰行を経てどんな変化がありましたか』とよく聞かれるけど、変わったことは何にもないいんだよ。みんなが思っているような大層なもんじゃない。行が終わっても何も変わらず、すーっと山の中を歩いているしな。『比叡山での回峰行』というものでもって、大げさに評価されちゃってるんだよ。」

## 大阿闍梨の品格

ではなぜ、何も変わらないのに、二度も過酷な行に挑戦したのだろうか。その点について問われると、「何もすることがなかったから」と答えているという。そう答えると、「あきれられるんだけど、本当に他にやることがなかったの」と述べている（酒井雄哉『一日一生』朝日新書）。

このように言われると、過酷な修行に挑んでも、格別何かが変わるわけではないように思える。ただ、「何もすることがなかったから」ということばは注目に値する。

それは、一度、千日回峰行を満行した人間の口から出たことばであり、その行に取り組むこと自体に大きな意味があることを示している。一度それを経験してみれば、他にやるに値することは見出せないということなのではないだろうか。

本人に変化したという実感がなかったとしても、周囲の見る目は違ってくる。千日回峰行に挑むということは、一般の人間からすれば、到底実現できないような超人的な業であり、それだけで尊敬に値する。

まして、堂入りで閼伽水を汲むために出てきたときの憔悴しきった姿を目の当たりにしたならば、行者は生き仏に見える。私は映像でしか見ていないが、自分の命をすり減らしてまで行に打ち込む姿は、やはり感動的である。

逆に、千日回峰行を満行した行者が、修行を通して大いに変わった。自分は、これまでとは違う立派な人間になったとでも発言すれば、かえって周囲はその発言に反発を感じるだろう。高慢さを感じさせるような発言は、むしろ顰蹙を買う。行者が何も変わらないと言うからこそ、周囲は、そこに修行による成果を認めようとする。苦行を乗り越えて、なおも謙虚であるからこそ、行者は大阿闍梨として周囲の尊敬、さらには信仰を集めるのである。

僧侶としての資格を得るための修行は、それだけなら、ただ本人のためだけのものであり、必要だから、それをこなすものに過ぎない。

ところが、千日回峰行などの過酷な行の場合には、それに挑むのは飽くまで本人にその意志があるからで、強いられてのことではまったくない。

千日回峰行に挑まなくても、誰も他から文句を言われることはない。それは、強い志を持つ人間が、何かのきっかけで挑むものである。その点では、満行することも重要だが、挑むこと自体に大きな意味がある。

千日回峰行に挑むということは、世俗の生活からの分離を経験することである。修行は過渡ということになるが、その修行が過酷なものであればあるほど、分離はより重要なものになってくる。掃除地獄の修行の場合には、まさに分離の段階に、もっとも過酷と思われる好相行が組み込まれているのである。

比叡山には、実に巧みな通過儀礼の機会が用意されていると言える。

# 第8章

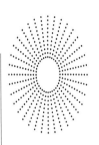

# イエスや釈迦はどうやって開祖になったのか

## 開祖・教祖のあり方

新たに宗教を開いた人物が開祖であり、教祖である。

日本では、キリスト教とイスラム教、それに仏教を加えて「三大宗教」というとらえ方がなされるが、この三つの宗教には開祖がいる。キリスト教のイエス・キリスト、イスラム教のムハンマド、そして仏教の釈迦である。

ただ、この三つの宗教において、教祖の位置づけは異なっている。

イエス・キリストは、キリスト教が生まれた初期の段階では、人として考えられていた。それが、時間が経つにつれて、たんなる人ではなく、神としての性格を併せ持っていると考えられ、それが教会によって公認された。その結果、神とイエスと聖霊を「三《さん》位《み》一体《いったい》」としてとらえる見方が確立され、キリスト教の基本的な教えとなった。

それに対して、ムハンマドは「最後の預言者」とされ、あくまで人と見なされている。イエスのように神としての性格を持っているとはまったく考えられていない。ただ、模範となる人格としてとらえられており、その言行録である「ハディース」は、神のメッセージである「コーラン」とともにイスラム教の聖典と見なされている。

釈迦の場合にも神とは見なされていない。苦行の果てに瞑想に入り、それによって究極の悟りを開いたと考えられている。釈迦はブッダとも言われるが、ブッダには「目覚めた者」の意味がある。ただし、仏教の教えは、「涅槃」とされる釈迦の死後に大きく発展した。そのなかで、釈迦は崇拝の対象となり、その点では神と同様に超越的な存在に祀り上げられたとも言える。

三大宗教以外の宗教においても、開祖が存在する場合がある。開祖が存在しない宗教は、土着の民族宗教の場合で、日本の神道はその典型である。神道には開祖にあたる人物はいない。その分、教えというものも明確ではなく、仏教とは大きく異なり、教典が存在しない。

一方、日本で近代以降に生まれた、いわゆる「新宗教」の場合には、おおむね開祖が存在する。開祖は神憑《がか》りして託宣を下すこともあるし、修行によって特別な能力を身につけたと主張することもある。なかには、まったくの俗人で、既存の宗教の教えを新たな角度から解釈することで開祖と位置づけられることもある。

## 開祖の誕生①ムハンマド

では、どうやって開祖が誕生するのだろうか。そこにも、通過儀礼が深くかかわってくる。

イスラム教のムハンマドは、最後の預言者、つまりは神のメッセージをはじめて正しく解釈した者と位置づけられ、神や仏のような超越的な存在とは見なされていない。ただ、最後の預言者となるにあたっては、通過儀礼を経験している。

ムハンマドは商人の家に生まれ、商人として活動し、また、商人の女性と結婚した。ところが、中年期に達したところで悩みを抱えるようになり、洞窟で瞑想を行う。これを通過儀礼として考えれば、分離から過渡の状態に入っていったことになる。

ただ、これは珍しいことだが、ムハンマドがどういった悩みを抱えていたのか、具体的なことは何も伝わっていない。人生の根本的なあり方に疑問を抱いたのかもしれないし、人間関係や社会関係の重大な悩みを抱えていたのかもしれない。他の開祖なら、その悩みがどういったものであったのか具体的に語られるはずなのだが、ムハンマドについてはその点についての伝承が欠けている。これは、イスラム教において、神の啓示が何よりも重視されていて、それを受けとる側のこころの状態についてては関心が払われていないことを意味する。

したがって、ムハンマドが神の啓示を受けることで、彼を瞑想へと誘った悩みが解決されたかどうかも分からない。通過儀礼として考えれば、中途半端な状態で終わったとも言える。ただ、天使ガブリエルを通して神の啓示に与《あずか》ったのだから、それはムハンマドが最後の預言者となる上での極めて重大な通過儀礼であったことになる。

啓示を通して、ムハンマドが一般の人間とは異なる存在に生まれ変わったわけではない。彼はあくまでメッセージの受け取り手であって、神になったわけではない。だが、神の啓示を正しく受けとることができたのはムハンマドに限られるとされるわけで、それによって彼は周囲から特別な存在と見なされるようになった。最初に神の啓示を信仰するようになったのは、ムハンマドの妻であったとされる。

## 開祖の誕生②イエス・キリスト

開祖になるにあたって、明確に通過儀礼を果たしたとされるのがイエス・キリストの場合である。

イエスの伝記である「福音書」には、マタイ、マルコ、ルカ、ヨハネの4つがあり、そのうち、マタイ、マルコ、ルカは共通の資料を用いていることもあり、「共観福音書」と呼ばれる。そこには、イエスがどういった通過儀礼を果たしたかがつづられている。

イエスの事績のなかで、もっとも明確に通過儀礼の性格を示しているのが、「悪魔の誘惑」のエピソードである。

「ルカによる福音書」の記述に従うならば、それは三度に及んだという（ここでの記述は、新約聖書翻訳委員会訳『新約聖書』岩波書店を元にした）。

イエスは、浸礼者（洗礼者）ヨハネから浸礼を受け、聖霊に満たされてヨルダン河から戻ってくる。

ところが、聖霊によってイエスは荒野を連れ回され、40日間にわたって悪魔による試みを受けた。どういった試みであったのかは記されていないが、そのあいだ何も食べなかったので、イエスは飢えていた。悪魔はその状態を見て、「もしお前が神の子なら、この石に命じてパンになるようにしてみよ」と言ってきた。これに対してイエスは、「人はパンのみで生きるものではない」と答えた。これは有名なことばだが、もともとは旧約聖書「申命記」8章3節に出てくるものである。

さらに悪魔は、イエスを空の上へと導き、世界全体を見せた上で、自分の面前で伏し拝むならば、「おまえには、この権能の一切とこれらの〔王国の〕栄華をやろう」と言った。これに対して、イエスは、「あなたは、あなたの神、主を〔こそ〕伏し拝み、彼にのみ仕えるであろう」と、やはり「申命記」6章13節にあることばで答えた。

これで、イエスは二つの試練を克服したことになる。最後に悪魔は、イエスをエルサレムの神殿の屋根に導き、その端に立たせて、「もしお前が神の子なら、ここから下へ身を投じてみよ」と言った。

悪魔は、そんなことをしてもイエスが無事な理由として、旧約聖書の「詩篇」にある二つのことばをあげる。「彼はあなたのために、自分の御使いたちに指示を与えるであろう、あなたを守り抜くためである」（91章11節）と「彼らは、あなたを手で受けとめるであろう、あなたがその足を石に打ちつけることのないように」（91章12節）である。

これに対して、イエスは、「あなたは、あなたの神、主を〔あえて〕試みることはないであろう」と答える。これは、「七十人訳聖書」の「申命記」6章16節に出てくる。

イエスは、神に対する忠実な信仰を示すことによって、悪魔からの誘惑をことごとく退けた。イエスはこの後、故郷であるガリラヤに戻るが、「彼の名声は、周辺一帯に広がった。また彼自身は、彼らの会堂において、すべての人に賛美されながら、教え続けていた」とされる。

悪魔による誘惑とその撃退は、イエスにとっての通過儀礼であった。これを経ることによって、彼は周囲から賛美されるようになり、それ以降、悪魔払いや各種の奇跡を起こし、弟子や信者を獲得していった。悪魔をも退ける力を見せたことで、イエスはそれまでとは異なる存在に生まれ変わったのである。

「マタイによる福音書」には、「ルカによる福音書」と同様に、悪魔による誘惑について詳しく記されている。ところが、「マルコによる福音書」となると、荒野で悪魔によって試みられ続けたとされるだけで、誘惑の具体的な中身にはまったくふれられていない。「マルコによる福音書」では、その誘惑の後、いきなり弟子を獲得し、癒しを行ったとされている。そうなると、イエスに奇跡の力を与えたのは、もっぱら浸礼者ヨハネによる浸礼であったことになる。

そうであれば、イエスは、はっきりとした通過儀礼を経ていないことになってしまう。少なくとも、過渡の状態における試練を経験はしていない。

福音書の成立については、さまざまな形で研究が進められてきた。悪魔による誘惑の話がまさにそうであるように、マタイとルカには、マルコに出てこない話が登場する。したがって、マタイとルカは、マルコとともに、別の資料（「Q資料」と呼ばれる）を参照したのではないかと考えられている。

これが正しいとするなら、マタイとルカの福音書の作者は、マルコにある悪魔の誘惑の話では具体性に欠けていると考え、どのように誘惑されたのかについて語り、話を詳細なものに変えたことになる。通過儀礼の観点から考えれば、それは必要な作業である。マタイとルカによって、イエスが通過儀礼を経たことが明確になったのである。

ただ、イエスがどういったことをやり、どういったことを語ったのか、その事績については、福音書に書かれていることがすべてである。ほかに、イエスのことについて記した同時代の史料は存在しない。つまり、福音書で書かれていることが事実なのかどうか、それを確かめることはできないのである。

実際、キリスト教を異教徒に伝える上で大きな功績があったとされるパウロの場合、生前のイエスに会ったことがなかったこともあり、新約聖書におさめられた彼の書簡のなかで、福音書にあるようなイエスの事績についてはほとんどふれていない。最後の晩餐と、最後の審判におけるイエスの再臨についてしかふれていないのである。奇跡や癒しにはまったくふれていない。

これは、パウロがイエスの事績について教えられていなかったか、福音書に書かれていることは、福音書の作者などが後に創作したものであることを意味する。

その点で、福音書に書かれていることをそのまま歴史的な事実として受けとるわけにはいかない。だが、イエスが通過儀礼を果たしたということがはっきりした形で語られるようになったことは大きい。それによって、なぜイエスが、悪魔払いや癒し、さまざまな奇跡を起こすことができるか、その根拠が示されたからである。悪魔に打ち勝ったことが、イエスにそうした力を与えたと見なされるようになったのである。

## 開祖の誕生③釈迦

釈迦の場合にもイエスと同じような体験をしたと伝えられている。

釈迦の場合、福音書に当たるのが「仏伝」である。ただ、福音書が、イエスが十字架に掛けられて殺されてから数十年後には成立していたのに対して、仏伝は、もっと遅くならなければ生まれなかった。

まとまった仏伝となれば、アシヴァゴーシャによる『ブッダチャリタ』を待たなければならない。これは、馬鳴《めみょう》『仏所行讃』として漢訳されたが、アシヴァゴーシャは紀元1世紀、ないしは2世紀の人物であり、『ブッダチャリタ』は釈迦が亡くなってから500年以上経って成立した。したがって、仏伝の全体は歴史的な事実としてではなく、あくまで神話としてとらえるべきである。

これは、福音書の記述についても言えることで、悪魔による誘惑の部分がマタイやルカで追加されたのだとすれば、それは後世に付加されたものだということになる。そこには、イエスを神格化しようとする力の働きがある。福音書もまた、基本的には神話としてとらえる必要がある。

釈迦の生涯における重要な場面は、「誕生」、「四門出遊《しもんしゅつゆう》」、「出城《しゅつじょう》」、「成道《じょうどう》」、「初転法輪《しょてんぽうりん》」、「涅槃《ねはん》」といったものからなっている。

イエスの出生も、聖霊による懐胎ということで、特別なものとして描かれているが、釈迦も、白い象が母親の胎内に入って妊娠したとか、母親のわき腹から生まれたとか、生まれた途端、7歩歩いて、「天上天下唯我独尊」と唱えたなど、神秘的なエピソードに彩られている。

四門出遊とは、釈迦族の王子に生まれた釈迦が、城の外へ出て、老人、病人、死者と出会い、人生の苦を知るとともに、出家者への憧れを強める場面のことを言い、それが、家族を捨てての出家に結びつく。釈迦は引き止められる恐れがあるので、深夜こっそりと城を出た。それが出城である。

出家した釈迦は、師匠について同輩の修行者とともに修行に専念する。修行は何年にも及び、苦行の域に達するが、それでも悟りは訪れない。

釈迦は、苦行によっては悟りは得られないと考え、修行していた山から下りる。すると、スジャータという村の娘から乳粥を振る舞われ、その後、菩提樹の下で瞑想に入る。悪魔によって誘惑されるのはこのときで、誘惑を断ち切ることによって悟りに達する。これが成道である。

しかし、釈迦は、自分が悟った内容をすぐに周囲に説こうとしたわけではない。内容があまりに難しいので、そのまま涅槃に入ってしまおうとも考えた。だが、梵天などの神の働きかけで、説法をはじめるようになる。最初の説法は、苦行をともにした同輩に対してで、それが初転法輪である。

その後、釈迦は説法の旅を続け、80歳で亡くなる。釈迦の死は涅槃と呼ばれ、輪廻のくり返しから完全に離脱したものと考えられた。輪廻のくり返しを恐れるのはインド全体に共通する考え方で、宗教家の目的は、いかにそれを脱するかにあった。釈迦は、自らの涅槃によって、その道を示したことになる。

このような形でまとめられた釈迦の生涯の物語、仏伝は、まさに通過儀礼の構造を示している。最初の分離にあたるのが、四門出遊や出城である。その部分が詳しく描かれているところに仏伝の特徴がある。それも、世俗の生活を捨てることが、悟りの前提とされているからである。過渡にあたるのが、苦行から成道の部分である。苦行は悟りを開くには無駄であったことになるが、そのことに気づいたのは苦行のなかにおいてだった。

初転法輪からは統合ということになるが、釈迦は成道によって法を説く存在になったわりで、それ以前のあり方とは根本的に異なっている。したがって、ブッダとなった釈迦は、城や家族のもとに戻ることはなかった。元の日常に統合されたわけではなく、異なる存在に生まれ変わったのである。

こうした仏伝は、最初、出城や成道といった個々のエピソードとして伝えられてはいたものの、ひとりの人物の生涯を示すものとはされていなかったようだ。それがやがて、釈迦というひとりの人物の物語としてまとめられるようになっていく。

その点では、仏伝が編纂されるようになるまで、悟りを開いてブッダとなる釈迦という人物は存在しなかったことになる。悟りを開いた人間が先にいて、その人物の物語が後から作られたというわけではない。物語が悟りを開いた人間を生んだのである。

物語、あるいは神話は極めて重要な意味を担っている。それまでなかった新しい物語が語り出されるようにならなければ、新たな宗教は生まれないからだ。

## 開祖の生涯と通過儀礼

それは、開祖の生涯の物語が、通過儀礼としての構造を持っているからである。通過儀礼においては、必ずや当人には試練が課せられるわけで、当人はその試練を克服することで開祖へと生まれ変わっていく。

開祖の直面する試練は、一般の人間には克服できない過酷なものである。イエスは悪魔を三度まで退けたが、その後も試練は続いた。最後は十字架に掛けられて殺されるものの、三日目に甦り、弟子たちの前に姿を現した。そして、最後の審判に際しては再臨するとされるようになる。

復活は、科学的に考えればあり得ない、空想上のことになる。だが、イエス・キリストを信仰するということは、最後の審判が訪れ、再臨が実現することを、文字通りに信じることを意味する。キリスト教の信者は、開祖の究極的な通過儀礼、つまりは死と再生を信仰の対象としているわけである。

釈迦の悟りの場合にも、それは、他の人間にはとても到達することができない高度なものとされている。もちろん、釈迦と同じ道をたどり、同じように成道の体験をすることも可能なのかもしれない。だが、釈迦が涅槃に入って後、釈迦と同じ悟りに達した人間は現れていない。自らそのように称する人間はいるかもしれないが、そうした人物が、ブッダとして広く崇められているわけではない。

仏教の信者は、釈迦の悟りという通過儀礼を信じている。釈迦の説く教えは、この通過儀礼の体験にもとづくものと考えられ、信者は、いかにそれに近づくかを課題としている。

その点では、イスラム教においては、教祖の通過儀礼はさほど重要なものとは見なされていないと考えるべきだろう。

イスラム教にも最後の審判という観念はあるが、そのときムハンマドが再臨するとは考えられていない。また、ムハンマドが神の啓示を受けたのに倣い、信者が同じように啓示を受けようとするわけではない。啓示は、すべてムハンマドに伝えられてしまっており、それ以上の啓示はもう下されないのである。

イスラム教においては、「コーラン」と「ハディース」に書かれていることが、信者の従うべき規範とされており、それが、「イスラム法」を形作っている。イスラム教の信者は、日々イスラム法を実践していくことが求められ、同じことをくり返していく。

一日に五回礼拝を行い、断食月が巡ってくれば日中は断食を行い、巡礼月が巡ってくれば、可能な人間はメッカに巡礼を果たす。豊かな者には喜捨が求められ、貧しい者はその恩恵に与かる。こうしたことがくり返されていくのがイスラム教徒の日常であり、変化はいつまで経っても起こらない。

イスラム法を守り続けていくこと自体が、信者にとっては通過儀礼であるとも言える。ただ、断食が試練になっているかと言えば、必ずしもそうではない。断食が終わる時間になれば、いつもより豪華な食事が振る舞われ、信者は断食が一日でも長く続くことを願っている。その点では、イスラム教は試練を欠いた宗教であり、通過儀礼は重視されていないと見ることもできる。

それは、日本の神道の場合にも共通して言える。

神道には、各種の行事があり、そのなかには通過儀礼の側面を持つものも含まれている。初参りや七五三などがそうだが、あくまで重要なのは形式であり、そこに試練の要素は存在しない。

神道の専門家である神職の場合にも、神道系の大学に通うなどして、神道について学ぶ必要はある。だが、仏教の僧侶の場合とは異なり、修行を行うということはない。その点で、神道も通過儀礼を欠いた宗教なのである。

# 第9章

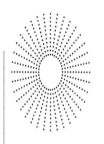

# 信仰を得るための回心

## 信仰を受け継ぐ・信仰を選ぶ

信仰を持っているという場合、ケースは二つに分けられる。

一つは、親から信仰を受け継ぐケースだ。

たとえば、世界のイスラム教徒の大半はイスラム教を信仰している家庭に生まれたことで、自らも信仰を持つようになる。キリスト教徒も同じだ。

日本でも、それぞれの家には宗旨があり、特定の宗派のお寺の檀家になっていることが多い。それまで宗旨について自覚していなかった人でも、親などの葬式を出し、仏教式でそれを行うというときには、宗旨のことを考慮する。宗旨は予め決まっているもので、自分で選ぶものではない。

これと対照的なもう一つのケースが、自分で信仰を選ぶ場合だ。

何か悩みを抱えているとき、新しい宗教に出会い、その信者になることで救いを得ようとする。そうした人間も少なくない。

## 一度生まれと二度生まれ

あるいは、それまで特定の宗教を信じていたにもかかわらず、それでは自分の悩みは解決できないと考え、新たな宗教に救いを求めるようなこともある。これだと、別の宗教への「改宗」ということになる。

新宗教の信者の場合には、この形が多い。それまで宗教に関心がなかった人間が、自分のおかれた状況が大きく変化し、そこで悩みを抱えるようになったとき、それまで知らなかった宗教が魅力あるものとして見えてきたりするのだ。

ただ、新宗教の信者がすべて、自分で信仰を得るとは限らない。新宗教が歴史を重ねるようになると、親から子どもへ、さらには孫に信仰が継承されていく。そうなれば、これは第一のケースと同じになる。

この二つのケースについて研究を行ったのが、ウィリアム・ジェームズというアメリカの哲学者、心理学者だ。

ジェームズは、「純粋経験」という概念を主張したことで知られている。純粋経験とは、その経験が何を意味しているのか、解釈や反省が行われる以前の状態を意味する。この純粋経験という考え方は、日本の哲学者、西田幾多郎や、文豪の夏目漱石にも大きな影響を与えた。二人は禅に関心があり、禅の体験を純粋経験としてとらえたのだ。

そのジェームズの著作のなかに、『宗教的経験の諸相』(桝田啓三郎訳、岩波文庫)というものがある。これは、題名が示しているように、多くの宗教的経験を集め、それを分析したものだが、そのなかでジェームズは、人間を「一度生まれ」と「二度生まれ」に区別した。

一度生まれとは、親から信仰を受け継いだような人間のことをさす。一度生まれは、そのままずっと同じ信仰を持ち続けるので、途中で新たに信仰に目覚めるという経験をしない。

これに対して、二度生まれは、人生の途中で信仰に目覚める場合だ。それまで信仰を持ってはいても、はっきりとした自覚を持たないケースも含まれる。新たに信仰を得たときには、個人の内面で大きな変化が起こり、それで生まれ変わったような気持ちになる。それを踏まえ、ジェームズはこれを二度生まれと呼んだのだ。

通過儀礼という観点から見た場合、一度生まれは、それを経ていないことになる。親から受け継いだ信仰をそのまま続けるわけだから、信仰の面について、分離、過渡、統合という決定的な変化は経験していない。

それに対して、二度生まれは、信仰の面で生まれ変わるわけだから、通過儀礼を経ていることになる。それまでの無信仰の世界、あるいは既存の信仰の世界からいったん分離し、葛藤を伴う過渡の時期を経験する。そこで与えられる試練を克服することで、新たな信仰の世界に統合されるのだ。

一度生まれの場合、自分の信仰は自然なもので、それを持つのが当たり前になっている。周囲には同じ信仰を持つ人間が多くいるはずで、なぜその信仰を持つのかを問われることもない。信仰は空気のように自然なものだ。

ところが、二度生まれの場合、個人として特別な体験をするわけで、周囲に同じ信仰を持つ人間がいるとは限らない。その点で、なぜその信仰を持ったのかが問われることもあるし、場合によっては、批判や迫害を受けることもある。

これは、私が１９８０年代のはじめに山梨県内のある村の調査を行っていたときのことだ。その村には、真言宗のお寺が一軒あり、村の人たちは皆、そのお寺の檀家になっていた。村の共同墓地も、お寺の境内にあった。

ところが、村のなかに、新宗教の創価学会に改宗する人が出てきた。それでも、墓は共同墓地にある。たまたま、その改宗した家に死者が出て、葬式を出すことになったが、当時の創価学会は日蓮正宗と密接な関係があり、葬式も日蓮正宗式で行われた。すると、真言宗の信仰を持っている他の村人とのあいだに対立が起こったと聞いた。

二度生まれの人間は、信仰の自覚を持っており、その分信仰は強い。ただ、周囲から迫害を受けると、揺らぐこともある。逆に、その迫害をくぐり抜けると、よりいっそう強い信仰を持つようにもなっていく。通過儀礼の試練は信仰を得た後も続いていくのだ。

## リバイバル運動

ジェームズが、一度生まれと二度生まれを区別するようになった背景には、アメリカ特有の現象である「リバイバル」運動の存在があったと考えられる。ただし、ジェームズは、『宗教的経験の諸相』のなかで、直接このリバイバルについてふれているわけではない。

リバイバルの運動のなかでは、信仰の覚醒ということが起こり、多くの人たちが生まれ変わりを経験した。ジェームズも、そうした宗教風土のなかで人生を過ごしてきたわけである。一度生まれという考え方は、リバイバルにもっともよく当てはまる。

リバイバルの運動は、もともとはイギリスで生まれたもので、アメリカの運動にイギリス人の宣教師が影響を与えることもあった。アメリカでは、リバイバルの波は幾度となく起こった。１７３０年代と40年代に北東部で起こった運動は、「第一次大覚醒」と呼ばれた。１８００年代から30年代にかけてアメリカ全土に広がったものは、「第二次大覚醒」と呼ばれる。

第一次大覚醒がどういうものだったかについては、マサチューセッツ州のノーサンプトンという町にいたジョナサン・エドワーズという牧師が記録している。

その町では、１７３４年の春に二人の若者が相次いで亡くなった。それで町には不安が広がり、数人がキリスト教の信仰に目覚める回心を経験する。そのなかには、身持ちの悪かった婦人が劇的な回心をとげた例が含まれていて、それによって町全体に宗教心の高揚が起こり、風紀も目に見えて改善された。酒場が空っぽになった代わりに、教会の礼拝や祈禱会は大盛況になった。町全体が劇的に変化したのだ。

ある意味、これは異常の状態であり、エドワーズは、「恍惚状態に陥ったまま、一日まったく身体を動かさない人もあった。人びとは集会が果てた後も祈り、賛美歌を歌い、夜を徹して語り合う。家路に着いた人も、大声で泣きながら通りを歩いていた」と報告している。

そして、この当時、町の人々が交わす挨拶のことばは、「もう経験されましたか」であったという。二度生まれになったかどうか、それが町の人々の何よりもの関心になったのである。

この町の場合には、信仰の覚醒は自然に起こったもので、それが連鎖していった。

ところが、一方では、意図的に信仰の覚醒を起こさせようと試みる人間もあらわれた。その一人が、イギリスからやってきたジョージ・ホイットフィールドだった。彼は野外で集会を開き、そこに何千人もの人間を集め、連日説教を行うことで、聴衆を回心へと導いていった。

こうしたリバイバルの集会が、どのような形で行われたのかを教えてくれる映画がある。それが、1960年に公開されたアメリカ映画、『エルマー・ガントリー』である。

この映画は、自堕落な生活を送っていたエルマー・ガントリーというセールスマンが主人公である。ところがエルマーは、女性の伝道師に恋をし、その団体に加わって、自らも伝道師になっていく。セールスマンが商品を宣伝するのも、信仰を宣伝するのも同じというわけで、エルマーは宣教師としての才能を発揮する。主演はバート・ランカスターで、彼はこの作品によってアカデミー賞の主演男優賞を獲得した。彼の演技は受賞に値する迫真のもので、リバイバル運動の熱狂がどのような形で起こったかを教えてくれる。

エルマーは、ドラマチックな説教のなかで、これまでの自分がいかに自堕落な生活を送っていたかを明らかにしていく。そのどん底状態から救い出してくれたのが神であり、それを通して、彼は自分がいかに罪深い存在であるかを自覚したと告白する。

すると、屋外に張られたテントに集まってきた聴衆のなかに、自分も罪深い人間であると告白し、エルマーのところへ駆け出してくる者もあらわれる。すると、女性の宣教師は、楽団に指示して、音楽でそのシーンを盛り上げる。かなりあざといやり方で、日本人のキリスト教徒からは顰蹙を買うかもしれない。だが、そうしたことはリバイバルの運動において当たり前のように行われていた。

こうしたことがアメリカではくり返され、それによってキリスト教の信仰が社会全体に浸透していった。

アメリカの場合、ヨーロッパで信仰をめぐって迫害を受けた清教徒が海をわたってやってくることで、キリスト教に対する強い信仰が形成されたと考えられている。だが、移民の多くは清教徒ではなく、世俗的な目的、つまりは金儲けをめざして新大陸にやってきた。

そのため、フロンティアをめざして西へ西へと開拓を進めていった人間たちは、自分たちの生活を成り立たせることを第一に考え、信仰には熱心でなかった。

やがて開拓民を追うような形でキリスト教の宣教師もフロンティアをめざすようになる。信仰は後からついていくような形になり、開拓地には教会が建てられていった。それを可能にするためには、開拓民の信仰を覚醒させる必要があったわけで、リバイバル運動はその点で大きな成果を上げたのである。

## 日本における信仰の覚醒

実は、明治時代前半の日本でも、リバイバルに似た信仰の覚醒が起こった。

舞台は創立から間もない同志社大学である。学生たちに突如、聖霊が降臨し、それが大きな騒ぎに発展する出来事が起こった。

同志社大学は、新島襄によって創立された。新島は、上州安中《あんなか》藩の藩士の子どもとして生まれ、幕末にアメリカに渡った。そこで洗礼を受けてキリスト教徒となり、後に内村鑑三も学ぶことになるアマースト大学を卒業する。日本に戻ってきてからは、同志社大学の前身となる同志社英学校を設立する。その点で、同志社大学は、キリスト教を日本の社会に浸透させるための教育機関として誕生したことになる。

これは、内村が学んだ札幌農学校の場合にも共通して言えることだが、この時代、キリスト教の信仰を核とした学校には、信仰に燃える青年たちが集まってきて、彼らは活発に活動を展開していた。つまり、学校自体に、宗教的な熱狂を生み出す基盤があったわけだ。

事件が起こったのは、明治17（1884）年3月のことだった。すでにその前年の秋には、キリスト教に対する強い信仰をもつ人間が学内にあらわれていた。そして、3月8日夜、新原という学生が、涙を流しながら祈り、エクスタシーの境地に入っていった。

新原は、自分が体験した喜びを自分だけのものにしておくことができず、翌朝になると、片っ端から会った人間に自分に起こった出来事を語るようになる。新原は、それ以前の段階で、すでにキリスト教の信者になってはいたものの、決して熱心だったわけではなかった。

新原は、自分が感動したのは、聖霊が降臨したからだと主張し、いかなる苦難が訪れようと、自分は伝道に出ると言い張った。すると、ほかの学生のなかにも、新原と同じような体験をする人間が次々とあらわれ、聖霊の降臨への熱い思いが学内に蔓延した。まさに、アメリカでのリバイバルと同じ状況が生まれたのだ。

聖霊の降臨を体験した学生たちのなかには、すぐにでも伝道に出かけたいと言い出す者がいた。けれども、教員たちは、休みまで待つようにと反対した。そのため、教員と学生との間で激しい論争が起こり、創立者の新島が泣いて説得にあたるというような事態も生まれた。

もちろん、すべての学生が聖霊の降臨を体験したわけではなく、体験できない学生も少なくなかった。彼らは、それによって降臨の価値を否定するのではなく、自らが神によって棄てられたと考えるようになった。なかには、それに絶望して庭に倒れ込むような学生もいた。

それでも、こうした状態はやがて沈静化していく。集団的なエクスタシー状態は、閉鎖された空間のなかで一時的には盛り上がるものの、長続きはしなかった。休みになると、学生たちは念願の伝道に出かけていったが、聖霊の降臨がくり返されるような事態には至らなかった。

そこには、アメリカと日本の宗教事情の違いが影響していたことだろう。アメリカでは、もともとキリスト教の信仰が浸透している。したがって、信仰の覚醒が起こったとき、それは広がりやすいし、定着もしていきやすい。

だが、日本では、キリスト教徒は少数派で、神道や仏教の信仰の方が、はるかに広範に受け入れられている。もともと同志社大学に入学した学生は、キリスト教への強い関心を持っていただろうが、一般の日本人にはそれがない。伝道に出ても、大学内で起きた熱狂をそのまま伝えることは難しい。したがって、聖霊の降臨は一時のことに終わってしまったのである。

こうしたケースでは、通過儀礼における統合の段階が問題になる。統合されるということは、受け入れられるということであり、覚醒した信仰が受け入れられる土台が、受け入れる側に形成されていなければならないのだ。

## 福音主義者のサマーキャンプ

アメリカでは、こうしたリバイバル運動の影響で、プロテスタントの「福音派」の信仰が広まっていくことになる。福音派は、一つの宗派というよりも、同じ傾向を持つキリスト教徒の集団に与えられた名称であり、むしろ「福音主義」と言った方がいいかもしれない。

福音主義の特徴は、聖書の教えを文字通りに信じることにあり、学校で進化論を教えることや人工妊娠中絶に反対する。それは、聖書に示されたことに反していると、福音主義の人々が考えるからである。

しかも、福音主義の人たちは、自分たちの信仰を社会全体に広めるために、政治運動にもかかわる。学校で神による創造を教えさせ、人工妊娠中絶を禁止するには、政治に訴える必要があるからだ。

具体的には、最高裁判所の判事に、福音主義の主張に理解を示す人間が選ばれることを望む。アメリカの判事は終身で、その判断は社会に大きな影響を与える。その判事を指名するのが大統領であるため、福音主義の人々は、大統領選挙に強い関心を示す。具体的には、共和党の大統領候補を支持し、その力によって当選した大統領も少なくない。

現在では、アメリカで福音主義を信仰する人々は、かつてのように二度生まれではなく、一度生まれである。福音主義を信奉する地域の家庭に生まれたから、それを信仰するわけで、自らが強烈な回心体験を持っているわけではない。

だが、そうなると、信仰に対する情熱は当然、低下してくる。

それを防ぐために行われている方法の一つが、福音主義の家庭で育った子どもを、信仰を覚醒させるためのサマーキャンプに送ることだ。アメリカでは、夏休みが長いこともあって、サマーキャンプが盛んだが、ベッキー・フィッシャーという女性の宣教師がはじめた福音主義のサマーキャンプは有名で、多くの親子がそこに参加している。

このサマーキャンプの存在を広く知らしめることに貢献したのが、『ジーザス・キャンプ』というドキュメンタリー映画である。この映画は２００６年に制作されたもので、それは、ジョージ・W・ブッシュ大統領の二期目にあたる。イラク戦争が続いていた時代で、イスラム教に対する強い警戒心がアメリカに広がっていた。映画でもその点が重要な意味を持つ。

映画を制作したのは、福音主義に賛成する人間たちではない。むしろ、それに反対する自由主義的、あるいは左翼的なキリスト教徒たちだった。その点で、サマーキャンプのことはかなり批判的に扱われ、子どもたちが宣教師によって「洗脳」されているかのように描かれている。だが、この映画が公開されたことで、サマーキャンプへの関心が高まり、結果的に宣伝になったとも言われている。

サマーキャンプに子どもたちを送り込むのは、親たちである。なかには、一緒にキャンプに参加する親たちもいる。彼らは、アメリカでは法律的に認められている「自宅学習」も行っているが、それは、進化論を教える公立学校に通わせなかったり、進化論が教えられている期間だけ、家庭で神による創造について親が教えるものである。福音主義の信仰を確立する上で、親の影響は相当に大きいのだ。

もし子どもたちが、親とは異なる信仰を持ったとしたら、いろいろと問題が起こることになる。あまり多くはいないと思われるが、福音主義の家庭に突然、自由主義の信仰を持つ子どもが現れたとしたら、信仰をめぐって親子で対立が起こるに違いない。

夫婦の場合、アメリカでも、結婚を契機にして、片方が改宗する場合もある。都市部では、そうした改宗がかなり行われているようで、カトリックだった女性がユダヤ人の男性と結婚し、それでユダヤ教に改宗することもある。その点では、キリスト教も家の信仰であり、日本の宗旨にかなり近い。

何かのきっかけで信仰を得て、二度生まれになったと言っても、それで本人がその信仰を生涯にわたって持ち続けるとは限らない。熱狂のなかで信仰を得たとすれば、その熱狂はすぐに醒めてしまう。そうなると、信仰から喜びが感じられなくなり、さらには、疑いを持つようになることもある。熱狂がかえって反動を呼ぶのだ。

そうなれば、信仰を捨て、その宗教から抜けることにもなりかねない。そこに二度生まれの難しさがある。脱会して、また新たな信仰を求めるようになれば、渡り鳥のように次々と宗教を変えていくことになる。二度生まれの信仰が定着するまでには、別の形での新たな通過儀礼が必要なのかもしれない。

# 第10章

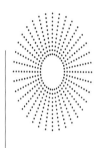

# 通過儀礼としての巡礼

## 世界の巡礼地

巡礼とは、聖地や霊場を参拝して回ることを意味する。日本では「四国遍路」がすぐに頭に浮かぶだろう。他の宗教においても、さまざまな形で巡礼が行われている。

キリスト教では、カトリックの総本山であるバチカンのあるイタリアのローマ、フランスのルルド、そしてイベリア半島の西にあるサンチアゴ・デ・コンポステラが代表的な巡礼地となっている。イスラム教では、サウジアラビアのメッカへの巡礼が毎年行われ、世界中から膨大な数のイスラム教徒を集めている。

巡礼ということばには、もう一つ、巡礼を行う人の意味がある。四国遍路をしている人たちは「巡礼」、あるいは「お遍路」と呼ばれる。これはイスラム教でも同じで、メッカ巡礼はアラビア語で「ハッジ」と呼ばれるが、このメッカ巡礼を果たした人間もハッジと呼ばれ、周囲から尊敬を集めることになる。

巡礼者が尊敬を集めるのも、巡礼には困難がともなうからである。

四国遍路は、四国4県にある88箇所の霊場をめぐることになるが、本来は徒歩でめぐるものである。最近では、バスなどを使って、一気に88箇所を回ってしまう人たちもいるが、霊場となる寺と寺との間に相当の距離があるところもある。病を抱えて四国遍路に臨む人のなかには、途中で野垂れ死ぬことを覚悟しているような場合もある。

メッカ巡礼は、イスラム教徒に課せられた5つの義務、「五行」のうちの1つである。他の信仰告白、礼拝、断食、喜捨が、誰でも実行が可能なことであるのに対して、巡礼は、メッカから遠くに住んでいれば、長旅をしなければならない。今なら航空機も使えるが、そうしたものが発達していない時代には、船などを使い、相当に苦労してメッカまでたどり着かなければならなかった。昔の船なら遭難の危険もあった。

現代では、世界全体で16億人ものイスラム教徒が存在するため、1年に一度めぐってくる巡礼月にメッカに行くことができる人間の数は200万人程度に制限されている。したがって、すべてのイスラム教徒が生涯に一度、メッカを訪れることができるわけではなく、ますますハッジは憧れともなっている。

四国遍路とメッカ巡礼を比較した場合、大きな違いは、前者が第一番の霊場から第88番の霊場まで一周するのに対して、メッカ巡礼はメッカが目的地となり、巡礼者は、自分の住んでいる場所とメッカとを往復することになる。

それは、キリスト教の巡礼地の場合も同様で、逆に言えば、四国遍路のような形態はとても珍しい。

## 伊勢参りと講

日本には、四国遍路の他にも、多くの霊場をめぐる巡礼がある。代表的なものとしては、西国三十三所めぐりがある。これは観音菩薩を祀った観音霊場をめぐるもので、霊場は近畿地方を中心に

**伊勢参り・江戸時代からさかんな日本の巡礼**
（旅の文化研究所編『絵図に見る伊勢参り』116-117頁、河出書房新社、2002年）

周辺の県にも及んでいる。第1番から第33番まで順にまわっていくこともできるが、最初と最後の霊場は和歌山県と岐阜県にあって相当に離れており、四国遍路のように一周する形にはならない。

日本でも、単一の霊場に巡礼することが行われてきた。「牛に引かれて善光寺まいり」という昔話で名高い信濃の善光寺などがその代表だが、なんと言っても多くの参拝者を集めてきたのが伊勢神宮である。伊勢神宮に参拝に訪れることは「伊勢参り」、あるいは「伊勢詣」として親しまれてきた。

伊勢神宮の正式な名称は神宮で、内宮である皇大神宮では皇室の祖先神である天照大神を祀っており、皇室ゆかりの神社である。したがって、古代においては、天皇をはじめとする皇族だけが奉《ほう》幣《へい》できるとされていた。

しかし、経済的な事情もあり、時代とともに、伊勢神宮に参拝できる人間の範囲は拡大していった。江戸時代に入ると、伊勢参りの中心は庶民になっていく。

そこには、寺請制度のもと、一般の庶民は旅行が制限されていたことが影響していた。伊勢参りをすると申し出れば、旅行の許可が得やすかったのである。

伊勢参りで注目されるのが、「お蔭参り」である。

お蔭参りは、江戸時代に3回くり返された集団での伊勢参りである。それがほぼ60年周期だったところから、それに該当する年は「お蔭年」とも呼ばれた。ただし、厳密に60年周期だったわけではない。

お蔭参りの参加者は、毎回数百万人にものぼり、奉公人が雇い主に無断で旅立ったり、子どもが親に断りもなしに参加したりしたため、「抜け参り」とも呼ばれた。なかには、炊事の支度をしていた奉公人が、その途中で、何もかもほっぽらかして出掛けてしまうようなこともあった。何も持たずに伊勢参りが可能だったのは、道中で、参拝に行く人間を接待することが慣習になっていたからである。接待は、現在でも四国遍路で行なわれている。

お蔭参りは、突発的に日常生活を中断することを意味した。その点で、通過儀礼の構造があてはまる。旅立ち、伊勢参り、帰還という道筋をたどり、伊勢参りを行っているあいだは、日常のしがらみから解放された。

ただ、一般の伊勢参りは、このように突発的なものではなく、十分に準備を重ねた上で行われた。

それぞれの村には、特定の信仰にもとづいて組織された「講」が存在した。講は、自発的な宗教組織で、多様な形態が見られた。念仏講などは、極楽浄土への往生をめざして集団で念仏を唱えるための講組織であり、庚申講は、庚申の日に徹夜で神仏に祈りを捧げるためのものである。

講のなかには、「参拝講」として分類されるものが数多く含まれており、伊勢参りをする伊勢講は、その代表だった。ほかに、熊野権現のある熊野に詣る熊野講、富士山の登攀《とうはん》をめざす富士講、出羽三山を訪れる出羽三山講などがあった。

## メッカ巡礼

遠隔地の霊場を訪れるには、事前にその費用を用意しておく必要がある。伊勢講に所属している講員は、定期的に金を積み立て、順番にそれを使って伊勢参りを行った。伊勢参りに出掛けるときには、伊勢神宮だけではなく、道中にあるさまざまな場所を訪れるのが一般的で、その分、費用はかかった。伊勢参りは、江戸時代の庶民にとって、一世一代の大旅行という性格を持っていた。

興味深いのは、イスラム教のメッカ巡礼の場合にも、まったく同じ形態がとられたことである。メッカ巡礼を志す人間は講を組み、資金を貯めて、それで順番に巡礼を果たしていくのだった。

現代では、利子を否定する「イスラム金融」が世界的にも注目を集めているが、イスラム金融を行う金融機関は、この巡礼講を基盤としていることが多い。

日本でも、庶民が金を出し合い、まとまった金を貯め、必要に応じてそれを引き出す「無尽講《むじん》」という組織が生まれ、やはり今日の金融機関のもとになっていたりする。

村では、住民は必ず、そこにある氏神の氏子となり、家は必ず菩提寺の檀家となっている。氏神や菩提寺と関係を結ぶことは社会的な義務だが、講の場合には、個々の人間の信仰が基盤になっており、参加は自発的なことも多かった。その点で自由であり、定期的に開かれる講の集まり自体が、日常からの解放に結びつく部分を持っていた。嫁や姑だけが集まる講では、姑や嫁の悪口を言い合うことで、ストレスの解消がはかられた。

講の仲間で、特定の社寺に参拝することは、共通の、しかも忘れ難い体験となり、参加者同士の絆を強化した。

イスラム教のメッカ巡礼の場合、メッカにあるカアバ神殿の周囲をおびただしい数の信者が回っている光景が取り上げられることが多い。そのため、これこそが巡礼の目的だと思われているかもしれない。

しかし、これは「タワーフ」と呼ばれるもので、アラビア語では巡回を意味する。巡礼者は7回、神殿の周囲を巡回する。ただ、タワーフは、巡礼全体のはじまりであり、巡礼全体は5日間続く。タワーフ以外の部分は、日本ではほとんど知られていない。

タワーフの次に行われるのが「サァイ」で、このことばは試みや努力を意味する。サァイの舞台となるのは、サファーとマルワという二つの丘で、その間は400メートル離れて

メッカ巡礼のクライマックス・ウクーフ
（坂本勉『イスラーム巡礼』46 頁、岩波新書、2000 年）

いる。巡礼者は丘と丘のあいだにある細長い空間を早足で駈けることになる。3回半往復しなければならないので、総距離は3キロ近い。

イスラム教では、旧約聖書にも登場するアブラハムを、もっとも神に対して敬虔な人物であったととらえ、そこからイスラム教の信仰がはじまったと考えている。そのアブラハムの妻が、喉の渇きで泣き叫ぶ乳飲み子のために水を探してこの二つの丘の間を駆け回ったという故事があり、サァイはそれにちなんだものである。

タワーフとサァイを終えることで、巡礼の準備段階である「ウムラ」が終了する。

ウムラを終えた巡礼者は、通常メディナに向かう。メディナは、メッカから500キロも離れていることもあり、すべての巡礼者に行くことが求められてはいない。だが、メディナは、預言者ムハンマドが迫害を逃れるために一時赴いた場所であり、その墓があるため、巡礼者はそこを訪れるのだ。

これも大変だが、次に巡礼者は、メッカの東25キロにあるアラファートというところへ移動しなければならない。徒歩で移動することもあるし、ラクダが使われることもある。人数が多いので大渋滞になる。

朝になると、巡礼者はアラファートの東の端にあるラフマ山に登る。ラフマとは慈悲の意味で、そこでムハンマドが説教をしたとされている。山の上には高さ3メートルの柱が建っている。

山に登った巡礼者は、そこで「ウクーフ」と呼ばれる立礼を行う。それは、山頂で手を広げ、立ったまま神に祈りを捧げるもので、巡礼者は神を讃えることばをそのときに唱える。これこそが、巡礼のなかでもっとも感動的な場面で、多くの巡礼者がそこで涙を流す。ウクーフは巡礼全体のクライマックスをなすもので、ウクーフを行わなければ巡礼を果たしたことにはならない。

これを終えた巡礼者は、山を降りる際に小石を集める。翌日、ミナーという場所に建つ、悪魔を象徴する三本の石柱にそれを投げつけるためである。

これで巡礼は終わり、最後には、「イード・アル・アドハー」と呼ばれる犠牲祭が待っている。以前は、巡礼者が犠牲となる動物を持ちこんだが、現在では、およそ50万頭の羊や山羊、ラクダが一括して犠牲に捧げられる。その費用は、サウジアラビアの政府機関や企業、巡礼者の喜捨で賄われる。

この犠牲祭に合わせて、メッカ以外の場所でも、世界中のイスラム教徒は、神に対して犠牲を捧げる。これは、日本人にはまったく馴染みのないことで、どの街も血の海になるため、外務省が渡航延期勧告を出したりする。それほど壮絶な光景なのだ。

この部分だけを考えても、メッカへの巡礼がいかに重大で、壮大な出来事であるかが分かる。なぜこうした巡礼がイスラム教徒にとっての義務になっているのか。その意義ややり方については、神のメッセージをつづった「コーラン」や、預言者ムハンマドの言行録である「ハディース」に記されている。

たとえば、タワーフにおいてカアバ神殿の周りを7回まわることは、「ハディース」に示されている。ただ、なぜ7回なのかについての説明はない。ムハンマドが最後にメッカに巡礼したとき、7回まわったと記されているだけである。イスラム教徒は、それに従っているのだ。

すでに述べたように、メッカへの巡礼を行った人間はハッジと呼ばれ、周囲のイスラム教徒から尊敬の目で見られる。それも、巡礼という行為がかなり大変なものだからである。

巡礼者は、巡礼に出るときに、日常生活から分離され、メッカで巡礼を行っているときには、巡礼者に課せられた数々の事柄をこなしていかなければならない。それは、巡礼者に与えられた試練であり、その試練を乗り越えたとき、ラフマ山での感動が訪れるのだ。

普段、イスラム教徒が礼拝を行うときには、膝をつき、メッカの方角にむかっておじぎをする。それに対して、ラフマ山での礼拝は立って行われ、すべてを神に捧げたような形になる。おそらく巡礼者は、その瞬間、人生のなかでもっとも神に近づいたと感じることだろう。巡礼という通過儀礼のなかで、巡礼者は、神を間近に感じるという特別なときを過ごすのだ。

１９６０年代に、メッカ巡礼を果たした黒人の公民権運動活動家がマルコムXである。彼は強盗の罪で服役していたときに、イスラム教に改宗し、黒人のイスラム教組織であるブラック・ムスリム運動に参加する。彼の言動は相当に過激なものだったが、メッカに巡礼したときには、現地のイスラム教徒から熱烈な歓迎を受ける。そして、世界中から集まった肌の色の違う人間たちが、一斉に礼拝している光景に接して大きな感動を得ている。

通過儀礼が行われている時間と空間は、日常とは隔絶された特別なものであり、そこにおいては、日常の世界に存在する差別や区別は一時的に解消される。同じ時間、同じ場に集った人間たちのあいだには強い仲間意識が生まれる。イスラム教のメッカ巡礼は、その点で、世界中のイスラム教徒に自分たちが同じ神を信仰する仲間であるという自覚を植えつけるのである。

## キリスト教と巡礼

キリスト教の三大聖地は、すでに述べたように、ローマ、ルルド、サンチアゴ・デ・コンポステラになるわけだが、ローマとサンチアゴ・デ・コンポステラには共通点がある。

ローマにあるバチカンは、カトリックの総本山で、そこには、サンピエトロ大聖堂が建っている。サンピエトロとは聖ペテロということであり、そこは、イエス・キリストの弟子の一人であるペテロの墓から発展した。墓であるということは、ペテロの遺骨が埋葬されていることを意味する。

ヨーロッパの教会は、こうした成り立ちになっているところが多い。カトリックの場合、教会には人々を救済する究極的な力が備わっているとされるが、その際に、その力の源となるのが、聖人の遺骨、「聖遺物」である。聖遺物には奇跡を引き起こす力が備わっているとされ、それを祀るために教会が建設されたのだ。

カトリック世界の頂点に立つのがローマ法王だが、現在のフランチェスコという法王が就任して間もなく、サンピエトロ大聖堂では、普段は地下に安置されているペテロの聖遺物が公開された。

サンチアゴ・デ・コンポステラの場合にも、サンチアゴとは聖ヤコブのことであり、やはりキリストの弟子である。そこには聖ヤコブの墓が作られていたが、忘れられ、9世紀に羊飼いによって発見されたとされている。もちろん、そこにあるのが本当にヤコブの骨なのかどうか、それを証明することはできない。しかし、キリスト教の信者は、それが本物だと信じ、中世から盛んに巡礼が行われるようになる。

サンチアゴ・デ・コンポステラに向かうため、フランスから四本の巡礼路が整備されることになるが、その途中には、やはり聖遺物を祀った教会が点在し、巡礼者はそうしたところを順番にまわっていく。これによって、サンチアゴ・デ・コンポステラへの巡礼路は、四国遍路の場合と同じような形をとることとなった。

実は、この聖遺物と深く関係しているのが、十字軍である。十字軍は、聖地エルサレムをイスラム教徒の手から奪回することを目的にしたもので、9回ほど試みられている。

ただ、聖地奪回だけが目的ではなく、聖遺物をヨーロッパに持ち帰るということも、一つの目的になっていた。エルサレム周辺には、キリストやその弟子たちに関連する聖遺物が存在するはずだと考えられたからである。実際、多くの聖遺物が、あるいは聖遺物とされるものが、十字軍の手によってヨーロッパに持ち帰られた。十字軍がエルサレムにたどり着いたときには、キリストが十字架にかけられてから、すでに1000年以上の時が経過していた。本物が存在する確率はほとんどなかった。

イスラム教徒の側からすれば、十字軍は自分たちに対する侵略にほかならない。だが、十字軍に参加した王や騎士たちは、自分たちは崇高な宗教的な義務を果たしていると考えていた。そうした情熱がなければ、時間もかかり、命を失う危険が伴う十字軍に参加することはなかったであろう。

そもそも十字軍は当初の段階で巡礼と呼ばれていた。

一方、ルルドの場合には、そこに聖遺物は祀られていない。そこが聖地になったのは、19世紀のなかばに聖母マリアが出現したからである。

それを目撃したのはベルナデッタという14歳の少女で、マリアの姿を見たのは彼女だけだった。マリアの出現は18回に及んだが、少女は、噂をききつけて集まってきた人々とマリアとの仲介者の役割を果たすようになっていく。

出現がくり返されるなかで、泉が突然湧き出すという奇跡も起こった。この泉の存在は、巡礼地となったルルドにおいて、決定的に重要な役割を果たすことになる。病を癒す力があるとされるようになったからだ。

また少女は、地元の神父に促されて、出現したマリアに対して名前を聞いたが、あるとき、マリアは少女に「無原罪の御宿り《おんやど》」であると告げた。

これは、カトリック教会において、この出来事が起こる4年前に公認された教義で、マリアは、生まれるときから原罪を免れていたことを意味する。少女がそんな難しい教義を知っているはずはない。そこから神父なども、それがマリアだと信じるようになり、やがてルルドは巡礼地として多くの人間を集めるようになる。

現在のルルドは、カトリックの一大巡礼地となり、とくに多くの傷病者を集めるようになっている。彼らは、ルルドに巡礼することで、病が癒されるという奇跡が起こることを期待している。実際、カトリック教会が、これは奇跡としか考えられないと認めた出来事もいくつか起こっている。

カトリックの信者にとっては、ルルドは特別な場所である。彼らは、日常から切り離されて、ルルドへの巡礼を行い、マリアが出現したとされる聖地において祈りを捧げ、治癒を期待する。その期待が彼らに力を与え、ときには奇跡と思われるような出来事が起こる。合理的に考えれば、それが聖地で奇跡が起こるメカニズムということになる。

少なくとも聖地が存在するということは、信仰生活の大きな目標となり、なんとか聖地を訪れたいという願望を生む。その願望は信仰を強化することになるが、巡礼が非日常の世界を体験できるという通過儀礼の構造を持っていることが、大きな意味を持っている。

現代では、映画やテレビドラマ、アニメなどの舞台になった場所が「聖地」としてファンを集めるようになっている。そうした聖地めぐりも、ファンを日常から解き放つという点で、宗教的な巡礼と同じ意味を持っているのである。

# 第11章

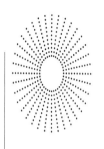

# 宗教集団の遭遇する試練

## 宗教集団に対する迫害

ここまで扱ってきた通過儀礼は、主に個人を対象としていた。一人の人間が、通過儀礼で課される試練を乗り越え、どのように成長していくかに焦点を当ててきたと言ってもいい。

だが、通過儀礼の対象は個人とは限らない。集団で試練に遭遇することもある。

具体的には、新しい宗教集団が誕生した際に、周囲から迫害を受け、その集団が危機に直面するということがある。

典型的なのは、キリスト教の場合だろう。キリスト教が生まれるきっかけを与えたイエス・キリストは、新約聖書の「福音書」の記述に従えば、死刑を宣告され、十字架に掛けられて殺された。その点では、キリスト教は死刑囚からはじまる宗教である。

イエス・キリストが死刑を宣告されたのは、当時のユダヤ教の宗教体制を批判し、騒動を引き起こしたからである。イエスは布教活動を続けるなかで弟子や信者を獲得していた。それは宗教集団の萌芽である。この集団が拡大していけば、さらに体制側を強く批判するようになり、ひいては既存の社会秩序を脅かすことになるかもしれない。体制側は、それを危惧し、事前にその芽をつもうとしたのである。

しかし、イエスを救世主として信じる集団のなかでは、殺されたイエスは復活し、弟子たちの前に姿を現したという信仰が生み出された。さらにそれは、最後の審判の訪れを予告するもので、その際には、イエスが再臨すると信じられた。キリスト教の教えの核心は、イエスの死後に形成されていった。イエスはむざむざと無意味に殺されたわけではなく、その死には重大な意味があるとされたのである。

最後の審判が訪れれば、既存の社会秩序は全面的に崩壊する。それは、体制側にとって恐ろしい予言だった。そのため、初期のキリスト教徒の集団は、体制側による厳しい弾圧を受けることとなり、そのなかから殉教者も生まれた。ユダヤ人以外の人間たちに教えを伝えたとされるパウロも、最後は殉教したと伝えられている。

## 通過儀礼としての迫害

キリスト教徒の集団は、迫害を受けることで危機に直面する。しかし、体制側が好むように教えに変更を加えることはできなかった。キリスト教徒たちは、しばらくの間、弾圧を覚悟しながら活動を展開した。

この時期、キリスト教徒たちが行った行動のなかで重要なことは、後に新約聖書にまとめられるさまざまな文書が作られたことである。そのなかには、「福音書」だけではなく、イエスの弟子たちの記録である「使徒行伝」、パウロなどの書簡、そして世の終わりについて予言した「ヨハネによる黙示録」などが含まれた。

もちろん、この時代は印刷術も存在せず、こうした文書が広く出回ったというわけではない。だが、イエスがどのように行動し、その教えを弟子たちが伝えていった経緯が記録されることで、イエスという存在がいかに重要なものであるかが明確な形で示されることになった。キリスト教徒となった人間たちは、そこに記されたことをもとに、イエスの教えを広めていくことができるようになったのである。

迫害は続いたものの、キリスト教徒の数はしだいに増加していく。303年にはローマ帝国のディオクレティヌアス帝による大規模な迫害が行われるが、続く、ガレリウス帝とコンスタンティヌス帝はキリスト教寛容令を出し、キリスト教は公認される。コンスタンティヌス帝の場合には、亡くなる前に洗礼を受け、自らキリスト教徒となった。それ以降、キリスト教はローマ帝国を統合する役割を果たし、国教の地位を与えられることとなった。

イエスの時代から迫害を受け続けてきたことは、キリスト教の信仰の正しさを証明するものとして受け取られ、殉教を恐れずに布教活動を展開することがキリスト教徒にとってもっとも重要なつとめとなった。迫害は、キリスト教徒全体に与えられた試練としての性格を持ち、その時期をくぐり抜けることによって強固な信仰の基盤が作り上げられることとなった。迫害の時期は、キリスト教徒にとっての通過儀礼であったと考えられる。

## 新大陸におけるキリスト教

キリスト教において、後に集団で試練を乗り越えていった事例としては、アメリカの「ピルグリム・ファーザーズ（巡礼始祖）」のことがあげられる。

1620年12月26日、アメリカの東海岸に一隻の帆船、「メイフラワー2世号」が到着した。メイフラワー2世号の乗客は102名だった。ほかに25名から30名の乗員が乗っていた。

乗客のうち、およそ3分の1はイギリス国教会の迫害を受け、国教会からの分離をめざす「分離派」の人間たちであった。彼らは、「聖徒」と呼ばれ、男性が17名に女性が10名、それに子どもが14名で、全部で41名だった。他の同乗者は、聖徒たちからは「よそ者」と呼ばれる一般の入植者で、それが40名だった。あとは、聖徒やよそ者につかえる奉公人たちだった。

彼らが乗ってきた船はイギリス南西部のプリマスから出航したが、着いた場所にも、偶然、プリマスという地名がつけられていた。このプリマスへの入植者が、やがてピルグリム・ファーザーズと呼ばれるようになる。ピルグリムとは、巡礼を意味するが、彼らは「約束の地」を求めた清教徒たちであった。

イギリスによるアメリカの開拓は、16世紀の末からすでにはじまっていた。1558年には最初のイギリス人植民団がアメリカに送り込まれたものの、彼らは全滅している。入植の動きが本格化するのは17世紀に入ってからだった。プリマスの命名者となったキャプテン・ジョン・スミスは、その先駆者になる。彼は、インディアンの部族長の娘であるポカホンタスに救われる体験をしており、この物語はディズニーのアニメ映画にもなっている。1607年には、プリマスに近いジョージ・タウンに150名の植民団が入植した。

このジョージ・タウンこそが、最初に成功したアメリカにおけるイギリス人の植民地になるわけだが、プリマスの方がはるかに名高い。そこには、アメリカの建国の過程に宗教的な意味が込められているからにほかならない。

今でもプリマスの海岸に浮かぶメイフラワー2世号の近くには、ギリシアにある神殿のような建物がたっていて、そのなかに一つの大きな岩がおかれている。岩には、「1620」という文字が刻まれている。それはメイフラワー2世号の到着した年を示しており、上陸者たちは、最初にその岩に足を踏み下ろしたと伝えられている。そこから「プリマス・ロック」という名前が生まれ、アメリカ建国を物語る貴重な史跡となった。

イギリスでは、16世紀にイギリス国教会のカトリック教会からの分離、独立という事態が進行する。そうした動きのなかで、エリザベス一世の時代には、改革運動が不徹底であると考え、国教会が王権に支配されていることに不満をもつ層が生まれた。

彼らは、国教会に従わなかったため、「非国教徒」、あるいは「ピューリタン（清教徒）」と呼ばれた。ピューリタンには、もともと杓子定規とか、偽善者といった必ずしも肯定的ではない意味が込められていたが、やがては純粋な信仰を求める人々の意味で使われるようになっていく。

プリマスから近いボストンには、メイフラワー2世号の到着から10年後、12艘の大船団が到着し、大規模な植民が開始される。そこは「マサチューセッツ湾岸植民地」と呼ばれるが、そこにやってきたのは、メイフラワー2世号に乗ってきたのとは正反対に、自分たちをイギリス国教会の構成員と考える「非分離派」の人間たちだった。今日では、プリマスの人々をピルグリムと呼び、マサチューセッツ湾岸地域の人々をピューリタンと呼んで区別している。

## 出エジプトという神話

ピルグリムたちは、最初、イギリスからオランダに移住した。1602年のことである。しかし、彼らは農民であったために、移住したアムステルダムの都市生活になじめなかった。また、そのままオランダに住み続ければ、同化しなければならなかったため、再度移住を考えるようになり、そのなかでアメリカへの移住が模索されるようになる。

それは、旧約聖書の「出エジプト記」に記されたモーゼに率いられてのエジプトからのユダヤ人の脱出、出エジプト（エクソダス）になぞらえられた。新大陸アメリカへの移住は、神の約束する約束の地への旅という宗教的な意味を担った。こうした意味づけがなされたからこそ、ピルグリムたちは、アメリカ建国の祖として位置づけられるようになったのである。

出エジプトの物語は、故郷を追われ、荒野をさ迷い、ついには約束の地を発見するという、分離、過渡、統合という通過儀礼の構造に従っていた。ピルグリムたちは、その構造に則って、自分たちでも新天地を発見するという通過儀礼の旅を実現しようとしたのだった。

しかし、メイフラワー2世号には、ピルグリムたちとは信仰を共通としないよそ者たちも同乗していた。ピルグリムたち内部では、共通の信仰にもとづいて結束することができたものの、植民者全体が結束することは容易ではなかった。

しかも、植民した場所の環境は厳しかった。彼らは小さな船でやってきたため、住環境を整えるための十分な資材など持ってきてはいなかった。それに、到着したのは真冬だった。プリマスを含むニュー・イングランドは、かなり北に位置している。到着してから二、三カ月のあいだに、一行のうち半分もの人間が命を落とした。

彼らは餓死したわけではなく、壊血病などの病気が原因だった。壊血病は、ビタミンCの欠乏によってもたらされるもので、とくに大航海時代に海を渡った人間たちのあいだで流行した。それは、航海しているあいだ新鮮な果物などを得ることができなかったからである。ピルグリムたちに対しても、66日間にわたる長旅が影響し、それが壊血病の流行に結びついた。

それでも、ピルグリムたちは、最初の年の苦難を乗り越え、2年目の秋にはトウモロコシの収穫にも恵まれた。そこで、それまで彼らを支援してくれた先住民、インディアンを招き、感謝の宴を行った。それが、現在、11月の第4木曜日に行われる感謝祭の起源になっている。この感謝祭は、日本の正月や盆にあたるもので、アメリカの人々は故郷に戻って、家族でその日を祝うのである。

ただし、実際に、プリマスでそういう宴がくり広げられたのかどうか、必ずしも明確ではない。その起源についての物語は、歴史的な史実にもとづくものではなく、一種の神話である可能性が高い。そうした神話が生まれてくるのも、ピルグリムたちには強い信仰があり、自分たちを神によって選ばれた者であるという自覚があったからである。

選ばれた民としての自覚をもつ初期の入植者たちは、信仰には熱心であった。神によって安息日と定められた日曜日には労働を休み、「ミーティングハウス」と呼ばれる教会堂に集まった。礼拝は午前中に行われたが、牧師による説教も加わり、それは2時間以上かかった。午後にも、牧師の説教が1時間も続いた。

ただ、当時の教会は、ピューリタンの信仰を反映して、極めて質素なものだった。カトリックの教会を思わせるオルガンや鐘、尖塔などはなく、結婚式も葬式も教会がかかわることとは考えられていなかった。一番今との違いが明確なのがクリスマスについてのとらえ方で、クリスマスがヨーロッパの異教の祭りを取り入れて成立したものであるため、それを祝うことは神への冒瀆とされ、19世紀になるまで、アメリカではクリスマスは祝われなかった。

ピルグリムたちが、体制側から迫害を受けたのであれば、自分たちを、イエスと弟子たちの集団になぞらえることができたかもしれない。だが、彼らが直面したのは別の試練であり、それは、モーゼに率いられての出エジプトの物語に構造が近かったのである。

## 日本宗教における弾圧

日本の場合には、仏教をはじめて受け入れたときに、その受容の是非をめぐって豪族たちのあいだで争いが起きたとされる。しかし、すぐに仏教を受け入れる方向にむかい、中世においては、神道と仏教が融合した神仏習合の事態が生まれ、両者は共存する。

ただ、鎌倉時代に現れた宗祖のなかには、法然や日蓮のように弾圧を受けた者もある。法然の弟子であった親鸞も師と同じ時に弾圧を受けたとされるが、私はその事実に疑問を感じている。

日蓮は、なぜ自分が弾圧を受けなければならないのか、流罪となった佐渡で思索を展開した。それは、「観心本尊抄」という文書にまとめられるが、彼は自分が前世において、釈迦の真実の教えが記されている『法華経』を誹謗したためだという結論を導き出した。その点で、日蓮は流罪になった期間、新たな教えを生むことになる通過儀礼を果たしたと言える。私が、親鸞が弾圧を受けたことに疑問を持つのも、親鸞は日蓮と違い、自分が流罪になった意味を問うようなことがなかったからである。

仏教全体ということでは、明治に時代が改まる時点で、新しい政府からは神仏分離を推し進めるよう指示が出された。これは、神社と寺院、神と仏の分離を促す権力側からの要請だが、民衆の間には、江戸時代に寺請制度のもと、寺院の檀家になることを強制されたということがあるため、寺院に対する反発もあり、仏教を排斥する「廃仏毀釈」が起こった。

このことは、仏教界に、それまで経験したことのない深刻なダメージを与えることとなり、そこからの立て直しが求められた。しかし、なかなか有効な対策が立てられなかった。また、近代に対応した新しい仏教のあり方を模索する動きも、それほど活発にはならなかった。その点では、仏教界は廃仏毀釈を試練として受けとめることができず、それを通過儀礼として生まれ変わりを果たすことができなかったとも言える。

明治時代において、主に民衆を救ったのが、神道系の新宗教だった。そうした宗教は、江戸時代の信仰体制を引き継ぎ、神仏習合の傾向を示していた。しかし、そうしたあり方を強調すれば、公の許可を得ていない淫祠《いんし》邪教《じゃきょう》として取り締まりの対象になった。したがって、神道色を強め、「教派神道」の一派として政府によって公認されることをめざした。

しかし、すぐに公認が得られるわけではなく、その段階では、許可を得ないまま宗教活動を実践したとして取り締まりを受けることもあった。その代表が、中山みきという女性の神憑りからはじまった天理教である。

天理教は、みきによる病気治しなどで信者を集めていったが、しだいにみきは、「お産の神さま」として周囲に知られるようになる。みきは、当時存在したお産にまつわるタブーを否定し、安産を保証した。

それはまだ江戸時代のことで、みきの息子の秀司は、京都の吉田家に入門し、吉田神道の一派として活動を展開しようとした。だが、時代が明治に変わることで吉田家の権威は失われ、天理教は警察による取り締まりを受けることになる。

明治に入って、一時は真言宗の傘下に入り、活動を展開したものの、すぐに秀司が亡くなり、神憑りするみきが表に出ざるを得なくなる。そうなると、新聞に、みきのことをおもしろおかしく取り上げ、天理教を批判する記事が掲載されるようになり、警察からの取り締まりも厳しくなった。

みきの場合、89歳で警察に拘留された。それは飛びきり寒い真冬であったため、みきはからだを壊し、それ以降、屋敷を出ることはなく、翌年に90歳で亡くなっている。

教祖が亡くなることは、天理教に限らず、多くの教団において危機を招くことになるものの、天理教の場合には、それがさらに深刻なものになる要因があった。

というのも、みきは生前、人間の寿命は115歳であるとしていたからである。信者たちは、それを信じていた。その点で、みきが90歳で亡くなることは、まったく予想されていないことだった。みきの死を知った信者のなかには、呆然として、何もできなくなった者もいた。

教祖の予言が外れたわけで、それは天理教の教団にとって重大な問題だった。この事態を放置すれば、失望した信者たちが、信仰を捨ててしまうことも十分にあり得た。

その危機を救ったのが、大工の飯降伊蔵という人物だった、伊蔵は、みきが生きているあいだから後継者として定められていた。みきの後継者であるということは、みきと同様に、神憑りして神のことばを取り次ぐ役割を果たすということである。

みきの葬儀は死後5日目に行われたが、その翌日、伊蔵に神が降り、みきが90歳で亡くなったのは、本来115歳まである寿命を25年間縮めて、信者の救済にあたるというメッセージが下された。

茫然自失の状態におかれた信者たちは、この伊蔵に下された神のメッセージを信じるしかなかった。それによって、天理教には、新たな教義が生み出された。やがてそれは、「存命《ぞんめい》の理」と呼ばれるようになり、みきは、天理教の教会本部にある教祖殿で生き続けているという信仰を生むことになった。

真言宗の総本山である高野山には、宗祖である弘法大師空海は、即身成仏を果たし、今もそこにある奥之院で生き続けているという信仰がある。一時、真言宗の傘下にあった天理教は、それを真似たのかもしれない。空海に対してと同じように、今でもみきに対しては一日三度の食事が供され、衣替えも行われている。テレビが普及し出した時代には、テレビが持ちこまれたという話もある。

こうして天理教は、教祖が亡くなり、予言が外れるという危機を、まったく新しい教えを生み出すことによって乗り越えていった。これは、天理教という集団にとっての通過儀礼にはかならない。通過儀礼を経た教団は、それまでとは違う教えを説く新しい集団に生まれ変わったのである。

# 第12章

# 神秘家の宗教体験

## 宗教の起源にある神秘体験

宗教の世界に、一つの流れとして「神秘主義」というものがある。神と出会うといった神秘的な体験を求めるのが神秘主義の特徴である。その神秘主義を実践する人物は「神秘家」と言われる。

神秘主義の歴史は古く、その伝統は古代に遡る。宗教の起源を神秘主義の発生に求めることもできる。

最近では、宗教の起源を明らかにしようとする研究は必ずしも盛んではない。いくらそれを明らかにしようとしても、人類の草創期については資料が乏しく、はっきりとしたことが分からないからだ。

けれども、19世紀の終わりから20世紀のはじめにかけて、ヨーロッパにおいては、宗教の起源を明らかにしようとする試みが盛んに行われた。

たとえば、精神分析学の生みの親であるジークムント・フロイトは、1913年に刊行された『トーテムとタブー』という本のなかで、それを試みている。

フロイトが提唱した代表的な概念に「エディプス・コンプレックス」というものがある。これは、子どものなかに、母親を独占する父親に対して強い対抗心を抱き、父親に取って代わろうとする願望があることを指摘したものである。

エディプスとは、ギリシア神話に登場するオイディプスのことである。オイディプスは、生まれたときの予言通りに、父を殺し、母と結婚してしまうのである。

フロイトは、古代や未開の社会に存在するトーテミズムに着目し、その発生に父殺しという出来事があったことを主張した。そうした社会では、父親が女を独占し、息子たちを追放してしまう。ところが、追放された息子たちは、あるとき力を合わせ、父を殺し、その肉を食べてしまう。それによって女を手に入れるのだが、父を殺したときの記憶から、トーテムとなる動物を殺し、その肉を食べるという饗宴をくり返すようになり、それが宗教の起源になったというのである。

これは、あくまでフロイトの想像であり、歴史的な事実とは考えられない。

もう一人、別の形で宗教の起源を明らかにしようとしたのが、フランスの社会学者、エミール・デュルケムであった。

デュルケムは、『トーテムとタブー』の前年、1912年に刊行された『宗教生活の原初形態』のなかで、オーストラリアの原住民であるアボリジニの生活が、散在して狩猟採集などの経済活動を行う時期と、集合して宗教的祭儀を行う時期に二分されていることに注目した。

宗教的な祭儀に参加する人々は、普段は分かれて生活しているため、一堂に会したことですでに興奮状態におかれる。それが、祭儀のもたらす興奮によってさらに煽られ、自分たちがいつもの自分とは異なり、外側から迫ってくる力によって支配され、動かされていると感じる。

この超興奮状態を経験することで、人々は、時間や空間が、聖なるものと俗なるものに二分されていると確信するようになる。この点についてデュルケムは、「したがって、宗教的観念が生まれると思われるのは、この激昂した社会環境における、この激昂そのものからである」と述べていた。

これは、集団による通過儀礼としてもとらえることができる。普段散在して生活しているときが日常で、祭儀が行われる際には、そこから離れ、非日常の状態におかれる。そこでは、誰もが興奮状態におかれ、外側から迫ってくる力、つまりは神によって動かされていると感じる。そして、祭儀が終われば、またもとの日常に戻る。通過儀礼における体験によって、人々は神の実在をよりいっそう強く信じるようになるのである。

これは、集団による神秘体験と言えるが、神秘家の場合、それを個人で体験することになる。その具体的な例の一つとなるのが、新約聖書の「使徒行伝」に示されたパウロの体験である。

それまでパウロは、キリスト教徒を迫害する側にあり、サウロと名乗っていた。ところが、ダマスコというところへ向かう途中、天からの光を浴び、「サウロ、サウロ、なぜ、わたしを迫害するのか」という声を聞く。このとき、パウロは目が見えなくなってしまう。パウロは、その声をイエス・キリストのものと考え、キリスト教に改宗したのだった。

これは、劇的な神秘体験ということになる。パウロは、その後、ユダヤ以外の地域にキリスト教を広めていくことになるわけで、その点では、キリスト教の歴史においても決定的に重要な出来事であったことになる。

ただ、新約聖書におさめられたパウロ自身の書簡では、劇的な出来事はつづられておらず、抽象的にしか語られていない。そこからすると、この回心体験は、「使徒行伝」の作者の創作の可能性もある。

しかし、キリスト教徒は、実際にパウロが「使徒行伝」で述べられたような体験をしたと信じてきた。それは、キリスト教における回心体験、さらには神秘体験のモデルともなっていく。

生前のイエスは、各地を回って、その教えを説いていき、それによって多くの人間たちが、彼を救い主と信じるようになり、弟子も生まれた。

ところが、十字架に掛けられて殺されたのち、イエスは復活し、弟子たちの前に姿を現したとされたものの、それ以降は、天に昇り、神の隣に座を占めたとされ、最後の審判が訪れるまで再臨しないとされた。つまり、キリスト教徒となった人間たちも、直接イエスと接することができなくなったのである。

それでも再臨を待ち続けるのが、キリスト教徒としてのつとめということにもなるが、それはなかなか訪れない。そうした状況のなかでは、イエスに直接出会いたいという願望が生まれても不思議ではない。そこに、神秘家が生まれる必然性があった。

## 神秘家と神秘体験

では、神秘家はどのような体験をしたのだろうか。

まず、ルールマン・メルスヴィンという人物の体験を見てみよう。彼は、もともとは商人であったが、40歳のときに回心し、「神の友」という神秘主義の集団の指導者として活動した。メルスヴインは、自らの体験を次のようにつづっている。

（神にこの身を捧げたいと思いながら庭を歩いていると）突然、一条の鮮やかな光がさっと降り注ぎ、私を取り囲んだ。そして、光は私を捕らえたかと思うと地面から引き離し、私を連れて縦横無尽に庭を飛び回った。こうして光に捕われ連れ回されていたとき、何だか知らないが非常に甘美な言葉が私に語りかけてくるように感じた。しかし、この光は何なのか、この〔私を〕導くものは何なのか、この甘美な言葉は何なのか、私にはわからなかった。神はすっかりご存じなのだろうが、すべては私の感覚的な理解を超えるものであった。

光を見ることは、神秘体験においてはよく見られる現象である。ただ、メルスヴィンは、光を見たとしているだけで、それが何かは分からなかったと述べている。彼は続けて、それによって自らの身に何が起こったかについても述べている。

こうした喜びに満ちた一時が過ぎ去り、再びわれに返ってみると、私はたった一人で庭に立っていた。あたりを見回したが、もはや誰も、何も見えなかった。ただ一つはっきりとわかったのは、目からとめどなく涙が溢れ出てきてどうしようもないということだった（「新たなる人生の始まりの四年」岡裕人訳『中世思想原典集成16　ドイツ神秘思想』平凡社）。

光をとらえたとき、メルスヴィンは日常とは異なる状態に入っていった。これは、通過儀礼における分離の段階にあたり、過渡の状態のなかで、光を体験し、日常に統合された段階でも、そこに喜びを見出しているわけである。

もう一人、ドミニコ会の修道士であったハインリヒ・ゾイゼは、彼のはじめての神秘体験について、次のように述べている。

だれもいないところで、絶望的になっていたとき、彼の魂は、身体の内なのか外なのかわからなかったが、忘我の状態に入っていた。そこで見たり聞いたりしたものは言葉では言い表しえないものだった。それには、形もなく、特定の様式もなかったが、それ自体には、いっさいの形、いっさいの様式を備えた、喜びに満ちた歓喜があった。しもべ（自身のこと）の心は渇望した歓喜に満ち足りていた。彼の気持は喜びにたかぶっていた。が、切望は静まり、欲求は消えていた。ただ、光り輝く反射を凝視し、自己自身といっさいのものを忘れてしまった。昼であったか夜であったかも分からなくなってしまった。それは、静かな、安らかな現在の感情のうちへ永遠の命から発出する甘美さであった（「ドイツ語著作集」植田兼義訳『キリスト教神秘主義著作集』9）。

神秘体験が喜びを伴うものである点は、メルスヴィンの場合と共通する。ゾイゼもまた、光を体験しているが、自らが見たり聞いたりしたものをことばで表現することが困難だとも述べている。

これも日常では体験できないものであり、非日常の体験ということになる。しかし、非日常の体験を表現することは難しい。逆に、神秘体験をことばとして表現することができるなら、それは非日常の体験ではなく、日常の体験ということになってしまい、そこからは神秘性が失われてしまう。そこに、神秘家の直面するジレンマが存在する。

## 恋愛詩という表現方法

通常の言語で表現できないとするなら、神秘家はどうすればいいのか。そこで多く用いられるのが譬喩であり、詩的な表現である。たとえば、中世ドイツの女性神秘家であったビンゲンのヒルデガルトは、12世紀の人物だが、自ら出会った存在を炎に譬えている。

……私は見た。輝きの極まりのない火炎のようなものを。それは、把握されず、消滅しえず、全面的に生気に満ち、また全面的な生命として現存し、そのうちに青白い焔を有している。焔は微風を得て燃え盛り、まるで人間の臓腑のように、分かちがたくその輝ける火炎のうちにあった。さらに私は見た。焔を光り輝きつつ白熱するのを。そして、見よ。突如として圧倒的な大きさの鈍い色の大気の球が出現した。それを超えてかの焔が吹き上げて一撃を加え、そのたびに球からは火花が散っていた。大気の球ができあがるまでに、天も地も十分に配置をされて、光彩を放っていた（「スキヴィアス 道を知れ」佐藤直子訳『中世思想原典集成15 女性の神秘家』平凡社）。

ヒルデガルトが述べていることを読めば、いったいそれがどういう体験なのか、興味をそそられる。読者は、それを自分も体験したいと望む。そのため、ここで彼女が用いた炎の譬えは、その後、神秘家が神秘体験を表現する際に頻繁に用いられるようになる。その代表が、16世紀スペインの神秘家、十字架のヨハネである。彼の代表作である「暗夜」においては、次のように述べられている。

或る 闇夜に
愛にもだえ 炎となって
おお 幸いな（冒険）よ！
気づかれずに 私は出て行った
我が家は 既に 鎮まったから

暗がりに　そして　安全に
身なりを変え、　秘密の梯子で
おお　幸いな（冒険）よ！
覆面をして　闇の中に（私は出て行った）
我が家は　既に　鎮まったから……………

この幸いな夜に
誰にも見られず　何も見ないで
ひそかに（私は出て行った）
心に燃え立つ　それの他に
光も導きもなしに

（ルシアン・マリー編集／西宮カルメル会訳注『十字架の聖ヨハネ詩集』新世社）

ここでは、詩の主人公自身が炎となっている。だからこそ、光の導きなしに闇夜に出ていくことができたのだ。
では、主人公はどこへ導かれていくのだろうか。それは、意外なことかもしれないが、恋人のもとへである。

「暗夜」は恋愛詩の形式をとっている。恋人への愛は、神への愛の譬えである。そして、恋愛が主題になっているだけに、表現は官能的である。そこに、十字架のヨハネの詩が、長く愛されてきた理由がある。

こうしたことを踏まえ、キリスト教の神秘主義においては、「花嫁神秘主義」、あるいは『婚姻神秘主義』という流れが生み出されている。これは、神秘家が自らの魂を花嫁として描き、イエス・キリストを花婿に譬えたものである。

実はこうしたやり方は現代にも受け継がれている。

エルヴィス・プレスリーと言えば、「ロックンロールの王さま」として知られるが、実は彼は、アメリカで生まれたキリスト教の宗教音楽、「ゴスペル」を愛した信仰の人でもあった。その証拠に、人気絶頂の時代に数枚のゴスペル・アルバムを発表している。しかも、ポピュラー音楽の最高の賞であるグラミー賞を三度獲得しているが、いずれもゴスペル部門においてだった。

プレスリーのゴスペル・アルバムの一つに、『至上の愛』というものがある。原題は、《He touched me》である。直訳すれば、「彼が私にふれた」ということになるが、ここで言われる彼は神のことをさす。神がそれを信じる自分に直接にふれてくれた。これも、神秘体験をことばにして表現したものと見ることができる。

プレスリーの場合もそうだが、英語の歌では、《I love you》という表現が多用される。これは、「私はあなたを愛している」ということで、異性への愛を表現したものである。

ところが、英語の《ｙｏｕ》が神をあらわすことがあり、これも、「私は神であるあなたを愛している」といった意味を持つ。とくにそれは、ゴスペル・ソングにおいて頻繁に用いられる。

恋愛の歌がそのまま神への愛を歌ったものになる。そこに、英語、あるいはヨーロッパ言語の特徴がある。

## 日本における神秘体験

では、日本の場合にはどうなるのだろうか。

日本で自らの神秘体験について表現した代表的な人物が明治時代の文芸評論家、綱島梁川であった。彼は、キリスト教の信仰を持ったが、34歳の若さで肺結核で亡くなっている。

闘病中の梁川が、明治38（１９０５）年に『新人』という雑誌に発表したのが「余が見神《けんしん》の実験」という文章で、これが大きな反響をもたらした。ここで言う実験は「実際の経験」という意味で、梁川はそこで神との出会いについて語っている。

梁川は、見神の体験を三度している。そのうちで最も本人に影響を与えたのが三度目の体験で、彼はそれを「驚絶駭絶《きょうぜつがいぜつ》の経験」と呼んでいる。驚絶とは、おどろきあきれることだが、辞書には出てこない駭絶の方も同じような意味と考えられる。

梁川は、「余が見神の実験」のなかで、この三度目の体験について、その直後に友人に送った書簡の次の部分を引用している。

小生は筆を取りて何事をか物し候ひし折のことなり、如何なる心の機《はずみ》にか候ひけむ、唯だ忽然はつと思ふやがて今までの我が我ならぬ我と相成《あひなり》、筆の動くそのまゝ、墨の紙上に声するそのまゝ、すべて一々超絶的不思議となつて眼前に耀き申候。この間僅《わづ》かに何分時といふ程に過ぎずと覚ゆれど、而《し》かもこの短時間に於ける、謂はば無限の深き寂しさの底ひより、堂々と現前せる大いなる霊的活物とはたと行き会ひたるやうの一種のＳｈｏｃｋｉｎｇ錯愕、驚喜の意識は、到底筆舌の尽くし得る所にあらず候。

ここで梁川は、他の神秘家が神秘体験をつづるときと同じように、ことばにして表現することが困難であることを表明している。

したがって、具体的な体験の中身は必ずしも明らかになっていないが、「無限の深き寂しさの底ひより、堂々と現前せる大いなる霊的活物とはたと行き会ひたるやう」な体験とはいかなるものなのか、読者はそこに注目することになる。

梁川自身も、書簡のなかにある表現では十分ではないと感じたのであろう、さらにそれについて、「今まで現実の我れとして筆執《と》りつゝありし我れが、はつと思ふ刹那に忽ち天地の奥なる実在と化《な》りたるの意識、我は没して神みづからが現に筆を執りつゝありと感じたる意識」と説明し直している。ここでは、梁川は神と一体化したと述べているわけである。

神と一体化するということは、古今東西の神秘家がめざしていることである。神の実在を確信するためには、神と出会う必要がある。一般の信者は必ずしもそれを求めないかもしれないが、自らの生涯を信仰に捧げた神秘家は、できるだけ神に近づこうとする。

しかし、神と直接に出会うこと、あるいは神と出会ったと公言することは、危険なことでもある。キリスト教カトリックの教会は、権威を独占しており、神秘家が神と直接の出会いをすることを好まない。教会の権威が脅かされるからである。そのため、神秘家のなかには、弾圧されるような場合もある。神秘家は、神秘体験という通過儀礼を果たすことで、特別な存在と見なされる可能性があるからである。

その点で、神秘体験や、その主体となる神秘家は、宗教教団にとって危険な存在でもある。譬喩や詩的な表現が用いられるのも、一面では、そうした危険を避けようとするからである。ずばり神と出会ったなどと発言すれば、弾圧は避けられないのである。

# 第13章

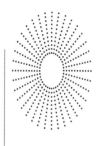

# 神の死と再生

## 神の死

「神は死んだ」

これは、ドイツの哲学者フリードリヒ・ニーチェが、1882年に刊行した『悦ばしき知識』のなかで言い放った有名なことばである。それは、85年に刊行された『ツァラトゥストラはかく語りき』の冒頭の部分でもくり返されるが、それは次のようなものであった。

> 以前は、神を冒瀆することが最大の冒瀆だった。だが神は死んだ。と同時に、神を冒瀆する連中も死んだ。この地上を冒瀆することが、いまでは一番恐ろしいことなのだ!
>
> (『ツァラトゥストラ』上巻、丘沢静也訳、光文社古典新訳文庫)

ニーチェが神の死を宣言した19世紀の終わりには、ヨーロッパにおいてはすでに近代の社会が生み出され、それは合理主義を特徴としていた。合理主義の観点からすれば、存在を科学的に証明できない神は、たんなる迷信であり、妄想である。ニーチェは、そうした時代背景のなかで神の死を宣言し、後世に大きな影響を与えることとなった。

しかし、「神は死んだ」ということばは、キリスト教世界においてはむしろ周知の事実であった。しかもそれは、ニーチェの宣言より1800年以上前からのことであった。

キリスト教を生むことになるイエス・キリストが十字架に掛けられて殺されたのは、紀元30年頃のこととされる。生前のイエスは、「神の子」としての自覚を持っていた。その観点からすれば、神の子であり、神と等しい存在であるイエスは、すでに死んでいることになる。キリスト教という宗教は、実は、神の死からはじまったものなのである。

しかも、イエスは死んで終わりというわけではなかった。イエスの言行録である「福音書」においては、墓に埋葬されたイエスは3日目に甦り、その姿を弟子たちの前に現したとされる。その後、天に昇り、神の隣に座を占めることとなったが、最後の審判が行われるときには、地上に再臨するとも説かれるようになった。イエスという神の死は復活を前提としたものであり、それは救済の出発点になるものだったのである。

つまり、キリスト教の信仰においては、神の死は信仰の終わりを意味するものではなく、むしろ、信仰のはじまりを意味していた。その点では、ニーチェがキリスト教に引導を渡すなら、神の死を宣言するだけではなく、神が再生し、再臨する可能性をも否定すべきだった。

## 神の死の意味

ニーチェが神の死を宣告した直後、1890年に、イギリスの人類学者であるジェームズ・フレーザーの著作、『金枝篇』が刊行された。その時点で、『金枝篇』は2巻本だった。ところが、その後、増補がくり返され、40年以上をかけて最終的には全13巻にまでふくれあがっていく。フレーザーは、『金枝篇』の完成に半生を捧げたことになる。それだけ、この本のなかで扱われた事柄は重要なものと考えられたからである。

では、フレーザーは、『金枝篇』のなかで、どういった事柄を扱ったのだろうか。フレーザーが注目したのは、一つの伝説だった。それはイタリアのネミ湖にまつわる伝説である。ネミ湖の近くには、ディアーナという女神を祀る古代ローマの神殿が存在し、そこには、「森の王」と呼ばれる祭司がいた。その祭司は、一本の金の枝を携えていた。これは、祭司が樹木の精霊の具現者で、豊穣を司る役割を果たしていることを意味した。

ところが、祭司職を継承するためには、金の枝を手で折り、前任者の祭司と格闘して、それを殴り殺さなければならないとされていた。フレーザーが、『金枝篇』のなかで明らかにしようとしたのは、なぜ森の王が後継者の手によって殺されなければならないのかという謎だった。

フレーザーはまず、原始社会においては、祭司は政治的な権力を握った王であると同時に呪術師であったことを指摘する。王は、超自然的な世界の力を媒介するため、神聖な存在と見なされ、数多くの厳格なタブーによって保護されていた。王や祭司の生命の源はその霊魂にあるとされており、タブーによる保護の対象となったのは、王や祭司の霊魂であった。

王や祭司は、その呪術的な力によって、社会の福利と安定に貢献する。ところが、その健康状態が衰えれば、内部にある霊魂のエネルギーも衰退し、ひいてはそれが世界全体にマイナスの影響を与える危険性があった。だからこそ、生命力の衰えた王や祭司は殺さなければならない。肉体が完全に衰微してしまう前に、神聖な霊魂を、新しい王や祭司の肉体に移し替えなければならなかったのである。

こうした考え方が生まれてくる背景として、フレーザーが指摘したのが、農耕社会における呪術的な世界観だった。農耕社会における儀礼には、神々や神霊の死と再生のテーマが見出される。それは、農耕の対象となる植物が毎年枯死と再生をくり返すことの反映である。

ただ、枯死ということが元になっているのであれば、祭司を殴り殺すという暴力的な手段をとる必要はないし、そういう発想は生まれないはずだ。フレーザーはそこで、牧畜社会で発展した「贖罪の山羊（スケープ・ゴート）」の観念を持ち出してくる。王や祭司は、社会全体の罪悪を自らの身に引き受けて葬り去られなければならないというわけである。

フレーザーは、『金枝篇』の初版においては、祭司である王が殺されるという側面に焦点を当てていたものの、それが王の犠牲に終わらず、新しい王としての再生に結びつくことにはふれていなかった。フレーザーが、そうした側面の重要性について述べたのは、1906年に刊行した『アドニス・アティス・オシリス』という書物においてであった。その本では、穀物霊、ないしは穀物神のことが取り上げられ、穀物に宿る神霊は、季節的に死と再生をくり返すことが指摘されていた。この本は、『金枝篇』の第三版が刊行されたときには、その第四部に収められることとなった。

王は、一神教の神のような存在ではない。しかし、原始社会においては、神と近い、あるいは神そのものと考えられていた。したがって、王殺しは神殺しでもあった。王や神は、再生するために殺されなければならない。フレーザーが導き出したのは、そのことであり、それは、イエスの十字架上での死と再臨という事柄の意味を考える上でも、重要な視点を提供してくれることになる。

フレーザーが、ニーチェによる神の死の宣言についてどのように考えていたかは分からない。だが、神に対する死の宣告がなされた後、フレーザーが、死が終わりではなく、むしろそれが再生に結びつくものであることを強調した点は重要な意味を持つ。神の死に意味を見出すことができるからである。

## ヨーロッパの精神的危機と神の死

のちに、その点に着目したのが、ルーマニアに生まれた世界的な宗教学者のミルチア・エリアーデだった。エリアーデについてはこれまでふれてこなかったが、死後においても、その思想と理論は、宗教学の世界に多大な影響を与えている。

エリアーデは最初、イタリア・ルネサンスの研究を行っていたが、研究のためにイタリアを訪れた際、ローマの図書館で、インド思想史の大家であるシュレンドラナート・ダスグプタの『インド哲学史』に出会う。エリアーデは、そのとき21歳と若く、ダスグプタのもとで学ぶためにインドへと向かった。

これは、研究対象が変化したというだけではなく、エリアーデにとって人生を左右するような重要な出来事となった。彼はインドで、文献によって研究を行うだけではなく、ヨーガを実践した。

イスラム学の井筒俊彦が、はじめてエリアーデに会ったとき、エリアーデは、自らのインド体験について熱く語り、「インドは私の魂の故郷だ」とまで述べたという（「エリアーデ哀悼―『インド体験』をめぐって」『ユリイカ』１９８６年9月号）。

そのエリアーデが興味深い論文を書いている。それが、「宗教の《起源》の探求」（『宗教の歴史と意味』前田耕作訳、せりか書房）である。これは、第12章で取り上げたフロイトの『トーテムとタブー』やデュルケムの『宗教生活の原初形態』、そして、本章で取り上げた『金枝篇』にも関係することだが、エリアーデは、19世紀の終わりから20世紀のはじめにかけてヨーロッパの学者たちがさまざまな現象の起源の探求にのめり込んでいたことを指摘していた。エリアーデは、その現象を指して、「起源への執着」と表現した。

なぜ、その時代、学者たちは起源の探求に執着を示したのだろうか。エリアーデは、そこに、ニーチェの神の死の宣言に代表されるヨーロッパ社会の精神的な危機が関係すると考えた。その点について、彼は次のように述べている。

西洋人は自らを神の創造物、世界の主人、普遍的な承認を得ている唯一の文明の担い手、現実的で有用な唯一の科学を生み出したもの、と考えてきた。ところが突然自分が他のあらゆる人々、つまり無意識と歴史によって等しく条件づけられている人々と同じレベルにいることを発見したのである。彼らはもはや高度の文化の唯一の創造者でもなければ、世界の主人でもなく、それどころか文化の面では滅亡の危機にあえいでいるのである。

ヨーロッパ文明の衰退に危機感を抱いていたエリアーデは、若い頃からフレーザーに強い関心を持っていた。英語を学んだのも、フレーザーの著作を読むためだった。とくにエリアーデが、フレーザーの研究のなかで注目したのは、『金枝篇』のなかで、穀霊、つまりは植物神の死と再生が扱われている点についてだった。

死と再生とは、ここまで見てきたように、まさに通過儀礼を意味している。インドについて研究する際に、エリアーデがヨーガに着目したのも、ヨーガの修行においては、特殊な意識状態に到達することが目的とされているからである。それは、ヨーガの修行という通過儀礼を果たしたものだけが体験できる境地である。

エリアーデはその後、シャーマニズムについての研究に進んでいくが、シャーマンは、忘我の状態に陥り、通常の意識状態から脱していく。シャーマンの経験する忘我の状態は、やはり通過儀礼によってもたらされるものなのである。

エリアーデの関心は幅が広く、さらには、錬金術の研究へと進んでいく。その研究の特徴は、錬金術を鉱物の金への変容をめざす自然に対する働きかけとしてとらえるだけではなく、錬金術師個人の内部で起こる体験としてとらえようとしたところにある。そして、錬金術においては、個人の身体は「小宇宙」としてとらえられ、それが、宇宙全体を意味する「大宇宙」との間に神秘的な関係を持つとされた。個人が通過儀礼を経ることで死と再生の体験をするように、その投影である宇宙も神話のなかで死と再生をくり返すものとして描かれるというのである。

エリアーデも、こうした観念が生み出されてきた背景として農耕の発見をあげる。植物の死と再生の過程が、個人にも、そして宇宙にも投影されているというわけだ。宇宙は、時間の経過とともに衰退し、生命力を失っていく。そこで宇宙は死を迎えることになるが、原始古代の社会においては、宇宙の死は年の終わりに訪れ、新年の儀礼において、宇宙創造の神話が朗誦され、あるいは演じられることによって、宇宙は始原に回帰し、それによって再生を果たすとされたのである。

これは、私たちに馴染みのある、新年、正月の儀礼について考えてみればいい。「忘年」ということばがあるように、古い年に起こった出来事は忘れていくべきものであり、新年を期して、社会は新しい段階に入ったと考えられる。

現在の日本では、1月1日が元旦として祝われるが、世界中の多くの社会においては、むしろ、1年で一番日が短い冬至の方が重視される。冬至を境に、古い年が終わり、新しい年がはじまると考えられるのである。

キリスト教において、イエス・キリストの誕生が12月25日とされるのも、それが関係する。「福音書」のどこを見ても、イエスがその日に生まれたとは書かれていない。イエスの誕生した日は不明なのである。

ところが、キリスト教がヨーロッパに広がっていくなかで、ゲルマンの冬至の祭と習合するようになった。イエスのこの世界への登場は、新しい時代の幕開けを告げるものであり、冬至の日がそれにふさわしいと考えられたのである。

キリスト教の信仰においては、イエスは、最後の審判の際に復活し、再臨すると考えられている。しかし、再臨という出来事は起こらなかった。現在のキリスト教徒も、イエスの再臨を信じているが、キリスト教も長い歴史を経ることで、庶民の生活に根差した民俗信仰を取り入れ、変容していったのである。

## 大嘗祭における死と再生

エリアーデと同様に、日本でフレーザーの影響を強く受けたのが、民俗学者、国文学者の折口信夫だった。

折口は、日本で民俗学を生んだ柳田國男の高弟であったが、同時に、釈迢空と称した詩人であり、歌人であった。『死者の書』という小説も書いている。

その折口が、1928年に行った講演を筆記したものが、「大嘗祭の本義」という論文だった。大嘗祭は、天皇の代替わりに行われる重要な儀礼のことである。天皇が神聖とされ、さまざまなタブーがまとわりついている戦前という時代において、大嘗祭について論じることは、かなり勇気のいる試みであった。そのため折口も、最初の部分で、「或は不謹慎の様に受け取られる部分があるかも知れない」と断っていた。

大嘗祭は、新しい天皇が即位して最初に行われる新嘗祭であり、天皇がその年の新穀を神に捧げ、自らもそれを食べる共食の儀礼である。その規模は相当に大きく、大嘗祭で用いられる稲を育てるための悠紀田《ゆきでん》と主基田《すきでん》の選定からはじまる。戦後になるまで、大嘗祭は京都御所で営まれていたが、もっとも盛大であった時代には、新穀を京都御所に運び込むために4000人の大行列が組まれたほどである。

大嘗祭を行うためには、臨時の建物として大嘗宮が建てられる。それは、天皇が潔斎するための廻立殿《かいりゅうでん》と、共食を行うための悠紀殿、主基殿からなっている。不思議なことに、悠紀殿と主基殿には、「真床覆衾《まどこおふすま》」と呼ばれる寝具が敷かれている。

現在の大嘗祭では、真床覆衾が使われることはないし、記録に残っている過去の大嘗祭でも同じである。しかし、折口はこれに着目し、かつて天皇は真床覆衾に引き籠もり、その間に、代々の天皇に受け継がれてきた「天皇霊」を身につけるのだという説を立てた。

これは相当に大胆な説で、その分物議を醸してきたが、なかなか魅力的な説である。したがって、今日でも信奉者が少なくないが、一方で、批判も受けてきた。

重要なことは、これと似た事例があるということである。

それが、出雲大社の場合である。

出雲大社の中心的な神職が出雲国造《いずものこくそう》である。かつての国造は、それぞれの国の支配者であり、同時に祭司であった。『金枝篇』で扱われた祭祀王の一種である。

出雲国造が亡くなったとき、その職を継ぐことになる人間（主に子どもや弟だが、門弟ということもある）は、出雲大社の東にある熊野大社に赴き、そこにある鎮火殿において火を鑽《き》り出してこなければならない。その火を、国造の屋敷に持ち帰り、その任にある間は、絶やしてはならない。国造は食事を作るためにもその火を使い、それで調理されたものだけを食する。家族は、その火を用いることはできず、食事は別にとる。これは、今もずっと守られてきている。

かつては、亡くなった国造の遺体は、赤い牛に引かれて、近くの池に運ばれ、そこで水葬されたという。そこには、亡くなった国造のからだはたんなるモノ、容れ物にすぎないという観念が働いている。重要なのは、熊野大社から鑽り出されてくる火であり、それが国造の魂を象徴しているのである。

かつての出雲大社における神事は、現在の本殿の内部において行われていた。実は、本殿の内部には、小さな社があり、そこに神が祀られている。神事を行う際には、社の近くに国造が座を占め、その前に供物などが並べられる。これは、国造が神としての扱いを受けていることを示している。他の神職は、供物の手前に坐り、国造を拝む形になるのである。

こうした点から考えて、国造は神として信仰の対象になっていると見ていいだろう。しかも、神は国造のからだに宿っていて、国造が亡くなれば、次の国造のからだに移される。これは、折口が提起した天皇霊と同じ仕組みである。人間の肉体は、いつか滅びていくが、そこに宿る霊は、世代を超えて受け継がれていく。天皇や国造の代替わりは、当人たちの死を意味しているようではあるが、天皇や国造という存在はそれを契機に再生されるのである。

一神教の神であれば、こうしたやり方にはならず、一旦死を迎えれば、再生されることはない。だが、一神教とは異なる信仰が成立している社会においては、神は死んでも、その先に再生がある。神は再生するために死ぬとも言える。イエスの再臨信仰にも、それは一神教の枠のなかでのことではあるものの、こうした観念が反映されていると見ることもできる。

折口の師である柳田國男は、戦争が続く間に書き続け、戦後すぐに出版した『先祖の話』という本のなかで、一般の家庭における先祖のあり方について論じ、そこに日本人の信仰の基盤を見出そうとした。

柳田は、父親から受け継いだことでもあるが、仏教嫌いで、日本人の間に受け継がれてきた宗教的な習俗は、仏教の影響を受けずに成立したものだという考えを持っていた。

そのため、亡くなった先祖が、浄土教信仰が説くように、西方極楽浄土に生まれ変わることを否定した。そんな遠い世界に行ってしまうのではなく、それまで生活してきた家の近くにある山に赴き、そこに居て、子孫の暮らしを見守っていくのだという説を立てたのだった。

柳田は、先祖は、冬の間は山にいて山の神となっているが、春になり田植えがはじまると、里に降りて田の神になると主張した。秋になり、収穫が終わると、田の神はふたたび山に上り、また山の神になる。それがくり返されるというのである。

ここには、明確な神の死の瞬間は見出せない。だが、山の神が田の神に姿を変えるということは、山の神がいったん死ぬことを意味する。そして、ふたたび山の神となったときに、田の神は死ぬ。先祖という神は、死と再生を頻繁にくり返していく存在だというのが、柳田説の重要なポイントだった。

神が死と再生をくり返すように、人間も死と再生をくり返す。亡くなった人間の魂は、新しい肉体を得て甦る。それは、新しく生まれた赤ん坊が、亡くなった祖父や祖母の生き写しだと言われる場面で実感されることである。

エリアーデには、『永遠回帰の神話』という著書がある。神も人間も、永遠回帰という通過儀礼をくり返していくことになるのである。

# 第14章

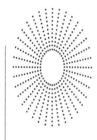

# 宗教の危機はどのように訪れるのか

## 宗教の危機と改革

宗教の歴史は人類の誕生からはじまる。だが、一つの宗教が長い歴史を経て受け継がれていくことは、それほど容易なことではない。どの宗教でも、必ずや危機を迎えることになる。

現代は、その危機がとくにあらわになった時代である。宗教のなかには、大幅に信者を減らし、その経営や運営が難しくなっているところもある。消滅の危機に瀕しているようなところもある。宗教は、信者がいなくなれば、それで消え去ってしまう。すでに消滅してしまった代表的な宗教としては、ミトラ教やマニ教がある。

そのように、宗教が危機に陥るのは現代がはじめてのことではなく、人類は歴史のなかで幾度もそれを経験している。そうした危機は、宗教を衰退させる一方で、新たな試みを生み、大胆な革新に結びつく場合もある。

その代表的な事例が、キリスト教における宗教改革である。宗教改革によって、プロテスタントという新しい宗派、新しい信仰体制が生まれた。それは、旧来の教会、カトリックと対立し、対抗することとなった。イギリス国教会のように、カトリックの影響を強く受けつつ、プロテスタントとしての性格を持つ宗派も誕生した。

ではなぜ宗教改革が起こったのだろうか。そこには、従来の教会、ここではカトリック教会と呼ぶが、その腐敗堕落が深く関係していた。

キリスト教は、イエス・キリストの十字架上での死と復活からはじまる。キリスト教徒は、すぐにでも最後の審判が訪れ、その際にはイエスが再臨して、正しい者と正しくない者を分けると考えていた。正しい者は天国に召されるが、正しくない者は地獄に落とされるのだ。

しかし、すぐには最後の審判は訪れなかった。そのため、カトリック教会は、イエスの再臨とは別の形での救済の手段を確立することが必要になった。その際に、教会が重要な働きをすることとなり、ローマ教皇を頂点に戴く教会が、地上における救済をもっぱら担うことになった。

カトリック教会は、一つの救済論を確立していった。それは、「原罪」という考え方の導入である。人間は、誕生したときから罪を犯し、その罪は代々受け継がれてきていると考えられるようになったのである。

原罪は、旧約聖書の「創世記」に記されたアダムとイブの物語に遡る。この物語においては、神によって創造された最初の人間であるアダムとイブは、エデンの園という楽園に生活していたものの、イブは蛇によって誘惑され、神が食べることを禁じた善悪を知る木の実を食べてしまう。さらにはそれをアダムに勧める。二人は、それによって自分たちが裸であることをはじめて認識し、それを恥ずかしいと感じる。

神はその姿を見て、二人が禁を犯したことを知り、楽園から追放してしまう。追放された二人は、死や出産の苦しみを味わわなければならなくなる。また、額に汗して労働しなければならなくなる。

旧約聖書は、「トーラー」として、ユダヤ教においても聖典となっているが、ユダヤ教には原罪の観念はない。ところが、後のキリスト教では、二人を誘惑した蛇は、実はサタン（悪魔）であり、二人は性交を知ることで根本的に堕落したと解釈されるようになる。それが、原罪の観念を生むことにつながったのだ。

## 宗教改革とプロテスタント

カトリック教会は、原罪の観念を強調するとともに、罪から免れるための手段を提供するようになる。教会による救済手段は、「七つの秘跡《ひせき》（現在では七つの赦し）」であるとされ、そのなかには、聖職者に対して日常の暮らしのなかで犯した罪を告白する「懺悔《ざんげ》」が含まれた。懺悔した信者に対して、聖職者は神になり変わって赦しを与えるのである。

これによって、教会は救済手段を独占し、信者は救いを求めるならば、教会に頼るしかなくなった。それほど、罪を犯すことへの恐怖が人々の間に存在したことになる。罪を犯したまま亡くなれば、地獄に落とされると、誰もが信じていた。

さらに教会は、七つの秘跡とは別に、罪を免れる「贖罪《しょくざい》」の機会を設けることによって、信者をより強く組織と結びつけ、献金を促していった。罪と贖罪の強調は、教会の経済を安定させることに結びついた。

中世ヨーロッパで起こった十字軍については第10章でふれたが、教会は十字軍への参加を呼び掛ける際に、それが贖罪に結びつくものであることを強調した。聖地エルサレムをイスラム教徒から奪還することは、神への重要な奉仕であり、それによって罪から免れることができると説いたのである。そうした呼び掛けがなされなかったとしたら、危険な十字軍への参戦を躊躇する人間たちも少なくなかったはずだ。

教会は、経済基盤の安定をはかるために、「免罪符《めんざいふ》」の発行もはじめる。免罪符は「贖宥状《しょくゆうじょう》」とも呼ばれるが、それは、十字軍の際に、実際に従軍できない者が、金銭による寄進によって罪の赦しを受けることができると説かれたことに遡る。

いったん、こうした方向に向かうと、とめどもなくなる。贖宥状は大量に販売されるようになる。このことを厳しく批判したのが、聖アウグスチノ修道会の修道士、マルティン・ルターであった。ルターは、それを批判する文書をヴィッテンベルク大学の聖堂の扉に貼り付けた。

ルターの主張は、さらに、聖書に根拠を持たない秘跡やさまざまな慣習の正当性に対する疑いに発展し、教会のあり方を根本から批判することになる。それによってルターは教会から破門された。

それまで、教会はヨーロッパ社会において絶大な権力を握っており、そのあり方を批判的に考えていた人間も少なくなかった。そのため、ルターに対する共鳴者も多く現れ、それは大きな流れとなり、やがてプロテスタントの誕生に結びつく。

プロテスタントにおいては、教会の権威は否定され、聖職者が独身を守るというあり方も否定された。ルターは、信仰は教会の権威ではなく、聖書に記されたことにもとづくべきであると主張し、一般の人々が聖書を読めるように、ラテン語でしか読めなかった聖書のドイツ語訳を完成させた。一人一人の人間が、聖書を読み、そこに記されたことを学ぶことで信仰を確立すべきだというのが、ルターの主張だったのである。

宗教改革の過程を通過儀礼の図式にあてはめてみるならば、教会の堕落という事態は分離に相当し、そこから一連のルターの活動が生まれ、それが過渡の段階となった。ルターは教会の改革をめざしたものの、破門によって、教会とは別の道を歩むことになり、着地点、つまり統合は、プロテスタントという新しい宗派の形成を意味することとなった。

これが、宗教改革の全体的な過程であり、キリスト教は、新しい流れを生み出すことで、直面した危機を乗り越えていった。それは、カトリック教会の側にも影響を与えた。プロテスタントの誕生に対抗するカトリック内での改革の動きは、「対抗宗教改革」と呼ばれる。それは、ルターの試みがはじまる前からすでに起こっており、プロテスタントという有力な対抗勢力が生まれることで、より鮮明なものになっていった。

危機が起こったとき、それを克服することは、以前の状態に戻ることを意味しない。元とは異なる状態を実現しなければ、本当の意味で危機を乗り越えたことにはならない。その点で、危機の訪れは、宗教にとって必ずしも悪いことではなく、一つの好機でもある。その好機をいかに生かしていくのかが問われるのである。

## 既成宗教と新仏教

日本でも、歴史上における既成の宗教の堕落が指摘されてきた。

鎌倉時代には、「鎌倉新仏教」と呼ばれる新しい動きが生まれた。その原因として、当時の仏教界が堕落していたことが指摘され、そこに民衆を救済対象とする新しい動きが生まれる必然性があったと説明される。こうした動きは、ヨーロッパにおける宗教改革にはるかに先立つもので、その先駆的な性格が高く評価されることもある。

鎌倉新仏教の宗祖のなかには、法然や親鸞、あるいは日蓮のように、既成の仏教教団から批判を受け、弾圧され、流罪にあったとされる場合もある。弾圧されたのは、それだけ彼らの教えが先進的で、また、既存の宗教体制を根本から批判する側面を持っていたからだと解釈されてきた。

だが、そうした宗派が実際に広がりを見せていくのは、鎌倉時代のことではなく、もっと後の時代においてだった。とくに、本格的に民衆の間に宗派の信仰が浸透するのは、江戸時代になって寺請制度が確立されて以降のことである。寺請制度のもとでは、それぞれの家は特定の檀那寺の檀家になることを強制された。檀那寺によって、出生や死亡、結婚や旅行が管理されたからである。

寺請制度が実施されたときには、同時に、本末制度が確立され、各寺院は特定の宗派の本山の傘下に入らなければならなくなった。これによって、寺の宗派が明確になり、寺の檀家も、自分たちが宗派に所属していることを明確に意識するようになった。それ以前は、寺の宗派は必ずしも明確ではなく、宗派が変更になることも少なくなかった。

こうした体制が確立されたことで、宗派の存在が重視されるようになり、それにともなって、それぞれの宗派を開いた宗祖のあり方が高く評価され、宗派に属する信者からの信仰を集めるようになる。鎌倉新仏教の宗祖やその教えが本格的に評価されるようになるのは、むしろ近代に入って学者や知識人がそれについて論じ、評価するようになってからである。

## 新宗教の弾圧と進展

宗教の危機ということで言えば、はっきりと権力による弾圧を受けたのは、むしろ日本が近代社会に変わっていくなかで生まれた新宗教の教団だった。

新宗教がどの時代から生まれたかについては議論があるが、もっとも古いものをあげれば、それは幕末維新期に誕生した、後に教派神道の枠のなかに組み入れられる教団、黒住教、金光教、天理教などであった。

このなかで、もっとも厳しい弾圧を受けたのが第11章でも取り上げたように天理教であった。天理教は、その際にも述べたように、教祖が人間の寿命は115歳まであると語っていたにもかかわらず、90歳で亡くなってしまったため、その直後には混乱状況が生まれた。だが、教祖は教祖殿において生き続けているという「存命の理」という新たな教えを確立することで、その危機を乗り越えていった。

しかし、教祖が亡くなってから、天理教の教団では、二度と弾圧を受けることがないよう、政府からの公認を得るための活動に邁進するようになる。そして、かなり時間はかかったものの、それに成功する。

さらには政府に対して積極的に協力する姿勢を示し、教典についても、独自の教えを引っ込め、政府が好むようなものに改めていった。そして、日本が対外戦争に乗り出していくと、戦争協力を惜しまず、満州国が誕生した際には、開拓団を組織して、国策に沿う活動を展開した。

その点で、天理教の教団は、体制に迎合する姿勢を取り続けたことになる。独自の教えを復活させるのは戦後になってからである。その点では、教祖の教えを守り続けることができなかったことになる。それは、天理教の教団が本当の意味で危機を克服し、新たな展開を示していくことには結びつかず、教団としての通過儀礼に失敗したことにもなってくる。

ただし、そうした時代において、教団が大きく発展したことも事実である。これもすでにふれたが、天理教は、近代的な都市へと変貌していった大阪を基盤に、その教えを広めていくことに成功する。教祖の説いた過激な教えが抑圧されたことで、かえって民衆を救う活動に邁進することが容易になったとも言える。

天理教の信者たちは、熱心に布教活動を実践した。それは熱狂的なものにさえなり、なかには、教祖がかつて貧乏をした経験があることを元に、「貧に落ちきれ」と説くことで、財産をまるごと教団に寄進させるような人間もいた。作家の芹沢光治良の両親は天理教の熱心な布教師で、布教活動にすべてを捧げてしまったため、自分たち子どもは塗炭の苦しみを味わったと回想している。

天理教の教団では、信者が寄進した金をもとに、奈良県天理市にある教会本部などの建物の建設事業を大規模に推進した。それは、大正時代と昭和前期に行われ、それぞれ「大正普請」、「昭和普請」と呼ばれた。建築が重視されるのは、存命の理を生んだ飯降伊蔵という教祖の弟子が大工だったからである。建築の推進は、戦後にも続けられ、天理の町は日本でも珍しい宗教都市へと発展していった。

天理教の信者たちは、建設のために金を寄進するだけではなく、自分たちも天理の町に出向き、建設現場で働いた。松下電器産業の創業者である松下幸之助が、天理の町でそうした信者たちの姿に接し、感銘を受けたというのは有名な話である。天理教の信者たちにとっても、建築作業への参加は通過儀礼の役割を果たし、信仰をさらに強化することに結びついた。

## 弾圧・迫害と通過儀礼

教団が直面する危機は、試練となり、信者の信仰を強化することに結びつくわけだが、意図的に困難な状況を作り出し、それによって信仰の強化をはかる場合がある。

たとえば、日本にはじめてキリスト教がもたらされたとき、最初は自由に布教活動をすることが許された。ところが、日本の権力者は、次第にキリスト教徒が増えれば、海外の勢力の影響が強く国内に及ぶようになり、それは危険だと考えるようになった。そこで、キリスト教は禁圧の対象になり、宣教師や信者は厳しい弾圧にさらされることになる。

それでも、外国人の宣教師のなかには、禁教下の日本に渡ってきて、秘密裡に布教活動を継続するようなケースもあった。彼らは弾圧を受けることを覚悟し、殉教も辞さなかった。あえて殉教を望んだのは、それによって死後聖人として認められる可能性があったからである。

殉教するということは、その人間は死ぬということで、人生はそこで終わる。だが、キリスト教では、永遠の生命という考え方をとり、肉体の死で終わりではないと説く。殉教者は、聖人となって奇跡を起こし、人々を救っていく。その点では、殉教は、聖人への通過儀礼となったのである。

あるいは、戦後、創価学会が急激に発展していった時代には、信者たちはかなり激しい布教活動を実践し、意図的に自分たちを厳しい状況に追い込んでいった。

他の教団が行っている講演会に出掛けていって議論を吹き掛けたり、他の信仰を持つ人間の家に押しかけ、創価学会の信仰を持つよう延々と説得したりした。このような強引な手段を使っての布教は「折伏《しゃくぶく》」と呼ばれ、それは信者にとってもっとも重要な信仰上の義務ともなった。

創価学会の教団では、折伏のためのマニュアルを用意し、信者たちはそれに従って相手を説得し、言い負かした。マニュアルに書かれていることは、かなり一方的な他宗教や他宗派に対する批判であったが、信者たちは、マニュアルが教えてくれる相手の弱点を徹底的に攻め、創価学会の信仰を受け入れるまで許さなかった。

当然、周囲からの反発は激しく、創価学会は忌み嫌われ、他宗教や他宗派から厳しい批判を受けた。政界にも進出したため、既成政党からも批判された。

創価学会は、自ら弾圧を受けるような危機的な状況を作り上げていったのだが、そこに集まってくる人間たちが若かったこともあり、折伏によって信者を増やしていくことに成功する。

創価学会以外の一般の新宗教の場合には、何か問題が起こったときには、自分の考え方を反省し、それを改めることで相手の気持ちを変化させようとした。

ところが、創価学会の場合、信者たちは、自分が間違っているなどとはまったく考えなかった。自分の考えを改める方向にむかうのではなく、まずは相手を折伏することをめざした。相手も信者になれば、自ずと問題は解決するというわけである。

折伏は、創価学会の信者にとって通過儀礼にほかならなかった。相手を言い負かし、信者にすることができれば、それは折伏という通過儀礼を見事に果たしたことになる。そうした信者は仲間から高く評価された。こうした通過儀礼の仕組みが備わっていることで、創価学会は、まだ貧しく、生活の安定していない人々を強く引きつけたのである。

このように見てくると、弾圧や迫害といったことは、表面的には宗教にとって大きな危機だが、逆にそれは試練ともなる可能性を有していることになる。試練を克服することは通過儀礼を経ることであり、当人や宗教集団は、信仰を強化し、結束を強めていくことになる。

宗教の強みはそこにある。一般の人間なら、何か悪いことに直面すると、それをマイナスに考え、こころが折れてしまうことも少なくない。

ところが、信仰を持つ人間には、悪い出来事をあくまで試練として受けとる気持ちが育まれていく。それぞれの宗教は、試練を克服していくことの重要性を説き、信者に事態を悲観しないすべを教える。殉教のように極端なケースでは、死ぬことでさえ、むしろ歓迎すべきこととされるのである。

そうした宗教の物の見方を象徴するのが、創価学会の「宿命転換」や「人間革命」といった教えである。この教団の核心には、宿命は転換が可能で、それによって個人は自分のおかれた状況を革命的に変化させることができるという考え方がある。

キリスト教にしても、イエス・キリストは、無残に殺されたにもかかわらず、それはやがて、未来における救済のためであったと再解釈され、信者はそこに希望を託していったのである。

通過儀礼の枠組みを活用することは、宗教が人々を救済する上において、決定的な重要性を有しているのである。

# 第15章

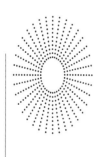

# 改めて宗教の意味を問う

## 宗教変動のなかで

私が宗教学という学問を学びはじめたのは、1970年代の前半である。

その時代、宗教学の世界で一番問題になっていた事柄は、「世俗化」という現象が進行しているということだった。世俗化とは、さまざまな社会制度や、社会のなかで生きる個々の人間の生活が、宗教による束縛から解放されていくことを意味する。要は、宗教の力が衰えてきたというわけである。

それは、ニーチェが神の死を宣言したところからはじまるもので、科学や技術が驚異的な発達を示したことによって、宗教に解決を求める必要がなくなったことが大きい。

さらには、1960年代に盛り上がりを見せた政治運動や学生運動の影響も大きかったかもしれない。そうした運動のなかでは、既成の権力や権威が疑われ、その価値が否定された。そうした権力や権威のなかには宗教も含まれる。従来の宗教のあり方は、人々を飼い馴らし、現実と妥協させるものだとして、やはりその価値が否定されたのである。

しかも、私が宗教学科に進学しようとしていた1973年にはオイル・ショックに見舞われた。それは、戦後の驚異的な高度経済成長が曲がり角を迎えたことを意味する。高度経済成長の時代には、新宗教が勢力を拡大し、なかには巨大教団に発展していくところもあった。私が子ども時代に、その一つである立正佼成会が急速に伸びていく事態を目の当たりにしたことについては第1章でふれた。

高度経済成長が曲がり角に達したということは、新宗教にも当然影響を与えることになる。その影響がはっきりとするのは、もう少し後になってからのことだが、その頃には、従来の新宗教とは異なる「新新宗教」が登場していると指摘されるようになる。新新宗教の登場は、世俗化が宗教の衰退を意味する一方で、新たな精神生活のあり方を生み出していくことを示唆していた。私は、宗教をめぐる状況が大きく変わりつつある時代に、宗教学を学びはじめたことになる。

そうした変化がより明確な形で現れたのが、１９７９年に起こったイランにおける「イスラム革命」だった。それまでのイランは、近代化を進める世俗国家だった。ところが、ホメイニというイスラム教シーア派の法学者が亡命先のフランスから帰国することで、世俗の政権が打倒され、ホメイニに指導されたイスラム教の政権がイランの国家を掌握することになった。

イランは、イスラム教のシーア派が広まった地域で、イスラム革命の直接的な影響はシーア派の枠のなかに留まった。しかし、それまで古く保守的と見なされていたイスラム教が、現代の社会において革命を引き起こすという事態は想像を超えたもので、世界全体に影響を与えることとなった。イスラム教が原理主義の傾向を強め、他の宗教と対立関係を深めることで、イスラム教以外の宗教にも原理主義を生むことにもなった。イスラム革命の余波は、宗教全体に及んだのである。

イスラム教は、現在では16億人の信者を抱え、キリスト教に次ぐ世界第2位の宗教である。イスラム教が広がった地域では、先進国と異なり人口の増加が続いていることもあり、信者の数は増え続けている。それは、イスラム教の影響力が、以前よりもはるかに大きくなったことを意味する。

しかも、グローバル化によって、移民や旅行などで、イスラム教徒が他の宗教が広がった地域にも進出しており、場合によっては社会秩序を脅かす脅威とも見なされている。

### 世俗化と宗教の衰退

イスラム革命以降のイスラム世界を眺めてみると、そこには、世俗化の傾向は見られない。むしろ、イスラム世界においては、宗教がその社会的な影響力を格段に強めているように見える。これは、世俗化の議論が盛んになった時代には、予測されていなかった事態である。

しかし、先進国に目を転じてみれば、世俗化に歯止めがかかったわけではない。宗教が社会的な影響力を失っただけではない。今日では、宗教は消滅の方向にむかいつつあるようにさえ見える。

ヨーロッパでは、深刻な教会離れが進行している。キリスト教の教会においてもっとも重要な行事は日曜日のミサだが、そこに参列する信者の数は激減している。しかも、参列者は高齢者ばかりで、若い人たちが教会に足を運ぶことはなくなっている。

それによって、経営が困難になった教会も生まれており、住宅などに売却されるようになった。なかには、増加しているイスラム教徒のためのモスクに転用されたところも出てきている。教会もモスクも神を礼拝するための施設であることでは同じだ。

また、教会税が徴収されるような国教会の制度が存在する国においては、それを嫌って、若い世代を中心に教会を離脱する人間が増えている。

現代の社会においては、医療やさまざまな社会制度が発達し、宗教に頼らなくてもほとんどの問題が解決できるようになってきた。何か問題が生じれば、スマートフォンで即座に調べることができるわけで、人間関係を取り結ぶ上でもSNSが活用できる。わざわざ、宗教集団に加わって、そこで人間関係のネットワークを広げる必要などなくなったのだ。

従来、宗教がその基盤を置いてきたのは、地域社会が発達した農村部であり、伝統が生きている社会である。ところが、資本主義が発達することによって、そうした地域は労働力の供給源となり、若い世代を中心に都市部へと出ていく人間が急増した。これは、世界的な傾向であり、地域社会が崩れることによって、宗教の基盤は失われてしまったのである。

日本では、戦後に経済成長が続いている時代において、労働力として都市に流入していった人々のあいだで、新しい宗教が流行するという現象が起こった。韓国でも、日本より少し遅れて経済発展がはじまると、ソウルへの一極集中が起こり、キリスト教の信仰が急激に広まった。ただし、韓国のキリスト教は、シャーマニズムの影響を受けた新宗教に近いものだったのである。

それは、現在の中国でも起こっていることであり、キリスト教の福音主義への改宗者が増えている。ブラジルなど中南米では、都市部へ移った人間のあいだに、カトリックから福音主義に改宗する動きが起こっている。福音主義は、奇跡などを強調する点で、日本の新宗教や韓国のキリスト教に近い。

ただし、日本でオイル・ショックが起こったことで、新宗教の拡大にブレーキがかかったように、経済成長が曲がり角に達すると、新しい宗教の伸びは止まる。それはやがて信者の高齢化という事態を招き、新しい宗教でさえ、既存の宗教と同様に、数十年が経過すれば、急速に衰退の方向にむかうことになる。

## 現代社会と通過儀礼

これからの社会、とくに先進国において、宗教が世俗化という事態を乗り越えて、活力を取り戻し、その影響力を増していくことは考えにくい。移民などによってイスラム教徒が増えているヨーロッパでも、それに対抗する形でキリスト教が復興しているわけではない。

では、世俗化が止まらず、宗教の衰退が続いている状況のなかで、この本で問題にしてきた通過儀礼は、どのような影響を受けているのだろうか。

通過儀礼は、それぞれの人間を成長させるための機会である。子どもを大人へと成長させ、苦難に直面したときには、それを乗り越えさせる力を与えることで、本人を救っていく。

第9章で、アメリカの哲学者、心理学者のウィリアム・ジェームズが、通過儀礼を経た二度生まれと、それを経験していない一度生まれとを区別したことについてふれた。宗教が通過儀礼を提供する主要な機会であるとすれば、その衰退は、通過儀礼の機会を奪うことにも結びついていく。

これは、第3章でも少しふれたが、現代の日本においては、通過儀礼の代表である成人式については形骸化が進み、若者を大人へと成長させる重要な機会ではなくなっている。地方自治体が開催する成人式に参加したとしても、それはたんに晴れ着を着るための機会にしか過ぎず、大人になったという自覚を生むものではない。

だが、若者が通過儀礼を経て大人へと成長することは、大人によって支えられた社会にとっても重要な事柄である。そこで社会は、成人式に代わる通過儀礼の場を用意している。その代表が就職活動である。就職活動は、企業への就職を目的としたもので、主に大学生がその対象となる。

まず重要なこととして、就職活動には基本的に時期が限られていることがあげられる。一定の期間内にそれを終えなければならないということは通過儀礼の特徴である。期間が限られているからこそ、それは就職活動を行う学生には試練としての意味合いを持ってくるのである。

就職活動を行う際には、髪を切り、リクルート・スーツを着るという形で身だしなみを整える。髪型の変化は、伝統的な元服の儀式でも見られることで、さらには、僧侶が出家するときにも剃髪を必要とする。

また、就職活動を行う際には、面接があり、その場では、改まったことば使いをしなければならない。正しい敬語を使い、なおかつ自分を表現することは、かなり難しい作業で、それは学生にとって大きな試練になる。

ただ、就職活動の場合には、社会情勢の影響を受け、通過儀礼として機能する場合と機能しない場合の両方を生むことになる。

経済的な不況が続けば、企業は、新卒採用の数を減らす。それによって、就職活動は厳しいものとなり、通過儀礼としての性格をより強く持つようになる。なかにはそれが、あまりにも困難であるために、活動に失敗して、自らの命を絶つような学生もあらわれる。いわゆる「就職氷河期」は、就職活動を過酷な通過儀礼に変えるわけである。

一方、景気のよい状態が続き、人材が不足する事態になると、就職活動は容易なものとなる。企業の方は、厳格な審査を経ないでも、学生に内定を与える。そうなると、就職活動は通過儀礼としての性格を失うことにもなってくる。

バブルの時代のように、景気が過熱し、雇用状況が売り手市場になったときに企業に入社した人間は、能力が不足し、甘いところがあると判断され、企業内で、さらには一般社会での評価が低くなる。人数も多いため、使えない人材として疎まれたりする。それは、企業の活動にも悪い影響を与え、業績の低下にも結びつく。通過儀礼を経ていないことは生涯にわたって影響し、転職しようとする際にも、人材として低い評価しか得られない。

これは、通過儀礼が、現代の社会においてもいかに重要なものであるかを示している。人間は何らかの通過儀礼を経験しなければ一人前とは見なされない。それは、昔の伝統社会においても、現代の社会においても変わらないことなのである。

## スポーツ界における通過儀礼

現代では、スポーツがエンターテイメントとして世界的に注目を集めているが、それはたんなる勝ち負けに終わらず、何らかの物語を伴うものだからである。

スポーツの試合において、選手は、相手を倒すためにその場において技術の限りを尽くし、また、気力を振り絞っていく。困難を乗り越えていく選手の姿は、通過儀礼に挑んでいるものととらえられる。

さらに、個々の試合だけではなく、選手が勝負に勝つために歩んできた人生の過程が、重大な試練を伴う通過儀礼としてとらえられ、観客はそれに感動する。たとえ勝負に敗れたとしても、選手が全力を尽くしたのであれば、観客は、その姿に涙する。

選手が直面する試練は、過酷なものであるほど感動を呼ぶ。そこには、作り物にはないリアリティーがあり、とくに怪我などからの復帰のドラマは注目度が高い。奇跡の復活劇は、まさに価値ある通過儀礼として、人々を感動させ、さらには人々を励ますことにもなっていく。

スポーツに限らず、社会的な成功を収めた人物の評価にも、通過儀礼を経ているかどうかが関係する。何も努力せず、あぶく銭をつかんだような場合には、試練を克服していないわけで、評価されない。逆に、数々の試練を乗り越えてようやく成功にたどり着いた人物の場合には、周囲はそれを高く評価する。

こうした点から考えると、現代の社会においては、宗教が通過儀礼の機会を提供することができなくなってきたのに対して、世間は、その代替となるものを用意していることになる。たとえ宗教が衰退し、消滅したとしても、通過儀礼の機会がなくなることは考えられないのである。

通過儀礼を経たことによって、社会的な評価が高まるわけだが、それは、本人にとって大きな自信になる。何かをなしとげたという体験は、忘れられないものとなり、新たな試練に直面した際には、それも克服できるという確信を生むことになる。

人生を送っていくなかで、何らかの試練に直面することは決して悪いことではない。多くの人は困難な状況に直面すると、不安になり、自分がおかれた境遇を不幸だと感じる。何事もなく日常が過ぎていくことを、幸福と考えてきたからである。

しかし、何事もない状況が続くということは、本人が進歩していないことを意味する。困難や試練に直面しなければ、人は変わることが難しい。変わらなければ、本人は自信をつけることはできないし、周囲の評価も高まらない。むしろ、不幸と思えるような出来事に遭遇することは、大きなチャンスを迎えたことを意味する。そのように現実をとらえることができたとしたら、それだけで試練を克服する糸口をつかんだことになる。

## 宗教に未来はあるか

宗教はこれまで、その宗教を開いた教祖の生涯を物語として語ることによって、教祖が通過儀礼を経て救済者となったことを示してきた。

通過儀礼を経るのは、教祖だけではなく、その弟子や信者たちも、各々が通過儀礼を経て、信仰を獲得し、それを確信へと変えてきた。一般の信者は、信仰者のモデルとなる教祖やその弟子たちに、一歩でも近づこうとするのである。

キリスト教の新約聖書などは、通過儀礼の宝庫である。後世の人間は、そこから教訓を引き出し、困難な状況を乗り越えていくための手立てを学んできた。

仏教では、さまざまな菩薩についての物語が語られているが、菩薩は、自らの悟りを目指す一方で、一般の人々が救われるよう、それを助ける役割を負っている。菩薩はそうした救済の活動を通して通過儀礼を果たし、仏（如来）へとその立場を高めていく。菩薩は、仏教の信者たちにとって偉大なる手本となってきた。

このような形で宗教が通過儀礼の機会を与えられなくなった現代においては、社会は宗教に代わって、代替となる手段を提供する。それだけ、通過儀礼の機会の存在は、社会にとって不可欠なものだからである。逆に言えば、通過儀礼の機会さえ提供されるのであれば、宗教は必ずしも必要とはされないということになる。

そこに、現代という時代において、宗教が直面している最大のジレンマがある。宗教が果たしてきた役割は、現代では、そのほとんどが代替手段によって満たされる。そうであれば、宗教の出番はない。現実にそうした事態が訪れ、それが世俗化、さらには宗教の衰退という現象を生んできたのである。

ただ、そうした観点からして興味深いのがイスラム教である。私たち日本人は、これまでイスラム教とかかわる機会がほとんどなかったため、それがどういった宗教であるのか理解できていなかった。それは、現在においても同じで、日本にもイスラム教徒が数多く入ってくるようになったが、イスラム教は十分には理解されていない。

そもそもイスラム教は、聖なるものと俗の世界とを区別せず、その点で、果たして宗教なのか、それとも社会制度なのかが判然としない。キリスト教や仏教には、世俗の世界から離れた聖職者が存在するが、イスラム教には聖職者はいない。宗教的な指導者も、イスラム教の場合には、皆俗人である。

通過儀礼という観点から見た場合にも、イスラム教は特殊である。信者に対しては、礼拝や断食、あるいは喜捨、巡礼などがつとめとして課されるものの、それは基本的にくり返しであり、通過儀礼の性格が乏しい。断食も一種の祭となっており、唯一通過儀礼としての性格が濃厚なのは、第10章でも取り上げた巡礼ということになる。だが、すべてのイスラム教徒が巡礼を経験できるわけではない。

歴史観においても、預言者ムハンマドが生きていた時代が、神への信仰がもっとも高まっていたと見なされ、それが理想の時代とされる。そうである以上、進歩という観点は存在せず、ムハンマドの時代に回帰していくことがもっとも正しいと見なされる。

通過儀礼の機会に乏しいということは、救いということが存在しないことを意味する。キリスト教や仏教では、回心を遂げ、それが救いに結びつくことになるが、イスラム教においては、回心は重視されない。

そもそも、イスラム教徒は、この世に生を受けたときから神の恩恵を被っているとされており、その点では救われていると言える。イスラム教は、救いという機会が存在しない宗教である。そうなると、他の手段によって、その機能が代替されることもない。

イスラム教において聖と俗とが区別されていないことも、世俗化を予め防いでいる。もともとイスラム教は世俗化されているわけで、改めて世俗化の対象にはなっていかないのである。

イスラム教徒は、あらゆることには神によって意味が与えられていると考える。たとえ、とんでもない不幸な状況に陥っても、そこには神が与えた意味があるととらえる。それは、事態を受け入れるしかないということに結びつく。神は、決してその意味を明らかにはしてくれないのだ。

日本人がイスラム教のことを理解することが難しいのも、結局は、イスラム教に通過儀礼が見られないからではないだろうか。日本人は、宗教は通過儀礼を伴うものだと考えてきた。それは、キリスト教徒にとっても同じで、彼らからすれば、ただ神への服従を求めるイスラム教を、宗教として受け入れることができないのである。

通過儀礼を核心に持つ宗教が衰退し、それに代わって通過儀礼を欠いたイスラム教が勢力を拡大するということについて、私たちはそれをどのように考えたらいいのだろうか。そこに、これから宗教のことを考える上での重大な課題が潜んでいるかもしれないのである。

# あとがき

ここまでの本文においては、宗教の世界においていかに通過儀礼ということが重要な意味を持っているのかを見てきた。

最後に、通過儀礼を考える上で参考になる本を紹介したい。

まず、最初にあげなければならないのは、通過儀礼についての先駆的な研究であるファン・ヘネップ『通過儀礼』（綾部恒雄・綾部裕子訳、岩波文庫）である。この本が出版されることによって、はじめて通過儀礼という現象が体系的な形で説明されることとなった。その点では画期的な書物である。

その後、さまざまな研究者が通過儀礼についての研究を進めていった。通過儀礼をたんに儀礼の一種としてとらえるのではなく、世界の定期的な更新ということに結びつけて論じたのがミルチア・エリアーデ『永遠回帰の神話―祖型と反復』（堀一郎訳、未来社）である。世界は時間の経過とともに衰えを見せていく。そのとき、原初の状態に立ち戻ることで、世界を再生させていく。人類は、そうした形で通過儀礼を活用してきたというのである。

エリアーデの著作としては、『聖と俗〈新装版〉―宗教的なるものの本質について』（風間敏夫訳、法政大学出版局）も、通過儀礼の背景にある世界の聖と俗への分離の問題を扱っている。二つの世界が分離されることで、両方を行き来するという行動が生まれる。それはさまざまな宗教現象に見られる普遍的な事柄なのである。

エリアーデも聖ということを問題にしているわけだが、とくに聖なるもの、神聖なものに宗教の本質を求めたものがルドルフ・オットー『聖なるもの』（久松英二訳、岩波文庫）である。聖なるものは、人を怖れさせると同時に魅了する。オットーが説いているのは、聖なるものの本質である。

『聖なるもの』と並ぶ宗教学の古典的な研究としては、エミール・デュルケーム『宗教生活の基本形態―オーストラリアにおけるトーテム体系』（山崎亮訳、ちくま学芸文庫）とジェームズ・G・フレイザー『初版　金枝篇』（吉川信訳、同）がある。

前者については、宗教の定義を取り上げたときに紹介した。デュルケームは、集団の沸騰状態のなかから圧倒的な力をもって出現する存在を神としてとらえることが宗教の発生に結びついたという説を展開した。

後者も第13章で取り上げたが、王殺し、神殺しの問題を扱っている。古代において、支配者としての王は、同時に祭祀を司る存在でもあり、それ自身が神聖なものと考えられていた。その力が衰えることは、世界そのものの衰退に結びつく。それを防ぐにはどうすればいいのか。そこに定期的な王殺し、神殺しの必要性が生まれるというのが、フレーザーの考え方である。

宗教体験についての古典的な著作がウィリアム。ジェームズ『宗教的経験の諸相』（岩波文庫）である。ジェームズは、『純粋経験の哲学』（同）という本も書いていて、純粋経験という考え方は、日本の西田幾多郎や夏目漱石に大きな影響を与えた。『宗教的経験の諸相』では、さまざまな人物の宗教体験を取り上げ、その意味と意義を探っている。

日本における儀礼研究としては、タイで僧侶になる通過儀礼を経験した青木保『儀礼の象徴性』（岩波現代文庫）と、アフリカでフィールド・ワークを行った山口昌男『文化と両義性』（同）がある。

本文では、映画における通過儀礼についてもふれたが、その観点で書かれたものが拙著『映画は父を殺すためにある―通過儀礼という見方』（ちくま文庫）である。そこでは、本文中にも取り上げた『ローマの休日』についても詳しく分析しているが、他の映画についても通過儀礼の観点からその構造を分析できることを示した。

沖縄のイザイホーについては、比嘉康雄『日本人の魂の原郷　沖縄久高島』（集英社新書）が、永平寺での修行については、野々村馨『食う寝る坐る永平寺修行記』（新潮文庫）が、光永圓道『千日回峰行を生きる』（春秋社）がそれぞれ参考になる。どれも実際の現象についてふれており、その点でリアリティーがある。

開祖の通過儀礼ということで、イエス・キリストについては拙著『キリスト教入門』（扶桑社新書）、釈迦については同『ブッダは実在しない』（角川新書）を参照していただきたい。

日本の巡礼を象徴する四国遍路については辰濃和男『四国遍路』（岩波新書）が、イスラム教のメッカ巡礼については坂本勉『イスラーム巡礼』（同）がある。巡礼が通過儀礼として、それを実践した人間をどのように変えていくのか、それは巡礼を理解する上で重要なポイントになる。

アメリカにおけるリバイバルについては森本あんり『反知性主義─アメリカが生んだ「熱病」の正体』（新潮選書）がある。現代における宗教をめぐる危機的な状況については拙著『宗教消滅─資本主義は宗教と心中する』（ＳＢ新書）がある。

宗教の世界は、身近に接することが難しい。その点では、こうした書物を読むことによって、はじめてその具体的な姿をとらえることができると言える。

その上で、自分の周囲を見渡してみるならば、通過儀礼という観点から分析し、理解できる事柄がかなりあることに気づくだろう。

さらに言えば、通過儀礼について学ぶことは、宗教という現象を理解することにはとどまらない。なぜなら、通過儀礼という考え方は、人が試練に直面したとき、それを乗り越えることで自己を高めていく可能性が開かれていくことを教えてくれるからである。

人は長い人生のなかで、多くの苦難に直面する。そうした苦難は、最初乗り越えることが不可能なものに見えるかもしれない。だが、それを自分に課せられた試練としてとらえたとき、苦難についてのとらえ方が変わってくる。それは、自分に対する挑戦であり、それを乗り越えていくことで、新たな自分に生まれ変わることができる。その点で、苦難は自分にとってマイナスの出来事ではない。そう思えたとき、すでに苦難を乗り越える道が開かれていく。

人類が誕生して以来、宗教が説いてきたのも、根本的にはそうしたことなのではないだろうか。あらゆることは通過儀礼であり、試練である。試練は乗り越えていくしかない。乗り越えることによってしか、自分を成長させていくことができないからだ。

通過儀礼について学ぶことの意義も、究極的にはそこにある。

なお、ここで書いたことは、東京女子大学で担当してきた「宗教学」の授業がもとになっている。

二〇一九年一月

島田裕巳

●著者略歴――
**島田裕巳**（しまだ・ひろみ）

1953年東京都生まれ。宗教学者、作家。東京大学大学院人文科学研究科博士課程修了。放送教育開発センター助教授、日本女子大学教授、東京大学先端科学技術研究センター特任研究員を歴任。自身の評論活動から一時「オウムシンパ」との批判を受け、以後、オウム事件の解明に取り組んできた。2001年に『オウム　なぜ宗教はテロリズムを生んだのか』を刊行し話題に。『戒名』『個室』『創価学会』『神社崩壊』『0葬』など著書多数。

教養《きょうよう》としての宗教学《しゅうきょうがく》――通過儀礼《つうかぎれい》を中心《ちゅうしん》に

2019年2月25日　第1版第1刷発行

著　者――島田裕巳
発行所――株式会社　日本評論社
〒170-8474　東京都豊島区南大塚3-12-4
電話03-3987-8621（販売）-8598（編集）振替00100-3-16
印刷所――港北出版印刷
製本所――難波製本
装　幀――駒井佑二
検印省略　© Hiromi Shimada　2019
ISBN978-4-535-56366-7　Printed in Japan